收入差距、总需求不足与经济增长研究

纪园园 / 著

上海社会科学院出版社

本课题获得国家自然科学基金青年项目"处理效应模型的非参数估计方法及其拓展应用"(项目编号:71803134)和"家庭债务,需求不足与经济增长——基于家庭流动性约束机制探讨"(项目编号:71803118)资助

目 录

前言

……………………………………………………………………（Ⅰ）

第一章 文献综述

…………………………………………………………………（ 1 ）

第一节 收入差距的影响因素 ……………………………（ 1 ）

第二节 收入差距对经济增长的影响 ……………………（ 5 ）

第三节 收入差距对家庭消费以及其他方面的影响 …（ 8 ）

第二章 相对收入对不同消费水平的居民的影响

………………………………………………………………（ 13 ）

第一节 引言与文献回顾 …………………………………（ 13 ）

第二节 数据和研究方法 …………………………………（ 17 ）

第三节 实证分析 …………………………………………（ 22 ）

第四节 稳健性检验 ………………………………………（ 31 ）

本章小结 ……………………………………………………（ 35 ）

第三章 相对收入假说下的收入差距对消费的影响

………………………………………………………………（ 37 ）

第一节 引言 ………………………………………………（ 37 ）

第二节 模型设定和数据处理 ……………………………（ 42 ）

第三节 实证分析 …………………………………………（ 47 ）

第四节 稳健性检验 ………………………………………（ 57 ）

本章小结 ……………………………………………………（ 62 ）

第四章　收入差距对消费升级的影响

...... （65）

第一节　引言 ...... （65）

第二节　文献综述 ...... （68）

第三节　模型构建与数据处理 ...... （71）

第四节　实证结果 ...... （76）

第五节　稳健性检验 ...... （84）

本章小结 ...... （88）

第五章　流动性约束对家庭消费的影响

...... （91）

第一节　引言 ...... （91）

第二节　文献综述 ...... （94）

第三节　数据和模型设定 ...... （97）

第四节　中国家庭流动性约束分析 ...... （102）

第五节　实证分析 ...... （107）

第六节　稳健性检验 ...... （114）

本章小结 ...... （118）

第六章　家庭债务、消费不足与经济增长

...... （120）

第一节　引言 ...... （120）

第二节　文献综述 ...... （123）

第三节　数据和模型 ...... （126）

第四节　实证分析 ...... （130）

第五节　家庭债务影响经济增长的路径分析 ...... （135）

本章小结 ...... （138）

第七章　养老保险缴费对收入不平等的影响效应
………………………………………………………………(141)

第一节　引言 …………………………………………(141)

第二节　模型与数据处理 ……………………………(147)

第三节　实证分析 ……………………………………(151)

第四节　稳健性检验 …………………………………(161)

本章小结 ………………………………………………(163)

第八章　养老保险覆盖率对收入不平等的影响效应
………………………………………………………………(165)

第一节　引言 …………………………………………(165)

第二节　理论模型 ……………………………………(167)

第三节　实证分析 ……………………………………(170)

第四节　稳健性检验 …………………………………(176)

本章小结 ………………………………………………(180)

参考文献
………………………………………………………………(181)

前　　言

在中共十九大报告中，习近平总书记指出，"我国社会主要矛盾已经转化为人民日益增长的美好生活需要和不平衡不充分的发展之间的矛盾"。而不平衡不充分发展的主要表现之一就是收入差距的恶化。与此同时，中国家庭的消费率一直过低，导致了"中国储蓄之谜"这一学术界的经典难题。那么究竟是何种因素在影响着收入差距的扩大？收入差距又是如何影响宏观经济体运行的？其能否成为解释中国消费不足的一个重要因素？对这些问题的探索是本书的主要内容。

本书首先对收入差距的方方面面进行文献综述，在理解文献贡献的基础上，针对中国特色的经济环境，分析了如下七个问题：第一，相对收入假说在中国的适用性问题；第二，在相对收入假说框架下收入差距对消费的挤出效应；第三，收入差距对消费升级的影响；第四，基于流动性约束视角，研究了中国家庭消费不足的问题；第五，家庭债务、消费不足如何影响宏观经济增长；第六，养老保险缴费对收入不平等的影响；第七，养老保险覆盖率对收入不平等的影响。

本书共分为八章，各章的主要内容安排如下：

第一章是文献综述，首先从收入差距扩大的影响因素入手，较为全面地介绍文献中分析收入差距的研究框架与最新研究成果，然后介绍国内外学者在研究收入差距对经济增长影响的实证发现,最后分析收入差距对消费等的影响。通过对文献的回顾,进一步指出本书所采用的分析框架及分析方法的价值。

第二章是利用中国家庭收入调查(CHIP)2013年的微观数据,与宏观层面数据相匹配,检验"相对收入假说"在中国的适用性。针对相对收入的不同度量维度,探讨究竟是家庭所在地区平均收入还是家庭户主所在代际(cohort)平均收入会对家庭消费产生影响。进一步,考虑到不同消费水平的人群之间的异质性,研究相对收入对处于不同消费分位数水平上的人群的影响,再从相对收入的视角提出提高国内居民消费水平的政策建议。

第三章是在相对收入假说的框架下,考察地区收入差距对消费影响的重要作用,并深入探讨其影响机制。

第四章是基于收入差距这一视角,利用中国家庭追踪调查(CFPS)2010—2016年的微观数据,研究收入差距对消费升级的影响,以及收入差距对消费升级的影响机制。

第五章是借助微观家庭调查数据,从流动性约束的视角研究中国家庭消费问题。本章的分析为中国家庭消费不足提供了新的解释,同时也为政府实施消费刺激政策提供了新的思路。

第六章是以家庭债务作为切入点,利用中国2012—2018年的省级面板数据,采用固定效应模型和面板因子误差结构模型,研究家庭债务变动对经济增长的影响。

第七章是采用微观调查数据构造城市层面的面板数据,研究养老保险缴费对收入不平等的影响,并针对2005年的养老保险体制改革,评价其收入再分配的效果。

第八章是基于第七章的拓展研究,采用微观调查数据构造城市层面的面板数据,研究养老保险覆盖率对收入不平等的影响。

本书的创新点主要体现在两个方面。

一是研究视角的创新。

虽然已经有很多文献探讨收入差距的影响,但很少有考虑相对收入的影响。本书从相对收入假说的角度入手，指出如果遗漏地区平均收入对家庭消费的示范效应，会导致对收入差距影响的估计偏误，并通过面板固定效应模型纠正了估计偏误。

目前国内学者对收入差距的研究主要涉及三方面的内容：(1)研究经济发展不同阶段、制度环境、特定部门发展状况，以及财政转移支付等对收入差距的影响；(2)研究收入差距扩大对经济增长、家庭消费的影响；(3)研究收入差距对经济其他层面的影响。本书的研究出发点虽然也是针对收入差距扩大对家庭消费的挤出效应，但本书在分析时并没有将收入差距变大作为外生给定，而是从收入冲击的角度将收入差距扩大的影响因素及其对消费的影响结合在一起进行研究。

在众多研究收入差距影响的文献中，研究者更多的是将收入差距扩大当作既定条件，而并没有深入探讨其扩大的原因。本书结合收入冲击引起收入差距扩大以及家庭由于流动性约束导致自我保险作用降低这两个近十年来宏观经济学的热点理论，将中国收入差距扩大以及其对家庭消费的影响结合起来，不但有助于理解收入差距扩大的原因，而且从机制上理解其对消费的挤出效应。

二是实证方法的创新。

在探讨相对收入假说下收入差距的影响时，本书利用微观数据构造了包含了160多个城市的面板数据，不仅可以减小直接采用宏观变量的测量误差问题，而且为未来继续涉及城市层面的研究提供了一种构造城市面板的新思路。

在估计家庭流动性约束对收入差距的放大作用时，由于我们使用的主要数据库中没有家庭财产的指标，本书通过反推的方法，利用其他数据库中的家庭财产信息，以及两个数据库中均存在的收入、人口因素等信息，首先利用其他数据库估计家庭财产与家庭收入、人口因素，以及其他可见的因素的方程，得到估计参数,然后利用估计的参数在我们使用的数据库中反推出家庭财产信息,实现了多个数据库之间的联动。

在估计家庭流动性约束的作用时,采用面板固定效应模型,并采用交互项的方式得到家庭流动性约束的放大效果,类似于 DID(Difference in Difference)的方法。

当然与以往文献相比,本书还可以从以下三个方面进一步拓展,从而从理论上对文献产生边际贡献。

(1) 本书的实证发现迫切需要构建结构模型进行解释。随着收入差距的进一步扩大,收入差距对家庭消费的挤出效应、收入差距扩大是何种因素导致? 传统的异质性家庭模型能否解释这些发现,如果不能解释,需要引入何种中国特色的机制? 这些问题的回答都需要我们继续在理论方面深挖。实证证据已经提供了足够的研究动机,下一步就需要在这些实证证据的指引下,构建出适合中国国情的结构模型。

(2) 最近几年来,收入差距的扩大伴随着房地产市场的爆发、家庭债务的累积、货币政策的宽松等现象,受到社会的广泛热议。因此,在收入差距的扩大过程中,宽松的货币政策、过热的房地产市场究竟起到了何种再分配作用? 如何脱离新古典经济学的框架,将货币政策、利率变动、信贷供给等名义变量纳入分析框架中,这是下一步继续研究的重点。

(3) 本书在分析收入差距对经济增长的影响时,主要分析的是收入差距导致的需求降低的作用,但同时,收入差距扩大会抑制企业的投资动机,从供给端影响经济增长,而对这一部分的分析尚缺乏,这也是我下一步研究的一个创新点。

第一章

文 献 综 述

伴随着改革开放以来中国经济的腾飞,收入差距也变得越来越大,而中国自古就有"不患寡而患不均"的思想,致使收入差距已成为影响社会稳定的重要因素。与此同时,中国家庭的消费率一直过低,导致在学术界有着经典的"中国储蓄之谜"的难题。那么究竟是何种因素在影响着收入差距的扩大?收入差距又是如何影响宏观经济体运行的?其能否成为解释中国消费不足的一个重要因素?对这些问题的回答构成本书的主要内容,但"工欲善其事必先利其器",因此,本章将针对中国的现实情况,对相关的文献进行梳理。在本部分,我们主要关注以下几个方面的文献:(1)收入差距的影响因素;(2)收入差距对经济增长的影响;(3)收入差距对家庭消费及其他方面的影响。

第一节 收入差距的影响因素

受永久收入假说的影响,从家庭角度研究消费储蓄等宏观变量的经济学家会把收入差距扩大归因于家庭受到收入冲击的影响。当社会中的家庭受到收入冲击时,不同家庭的收入自然会随机的不同,因此,收入差距就会产生,区别在于家庭受到的是永久收入冲击(permanent shocks)还是暂时性冲击(transitory shocks),二者的区别在于:对于永久性收入冲击,家庭不能够完全通过储蓄、劳动供给等自我平滑(self insurance),因此,部分收入的变动会传递到消费,结果就是消费不平等加剧。而如果是暂时性收入冲击,则家庭会通过调整储蓄或者劳动供给来平滑掉,不会传递到消费中,因此,消费不平等不会加剧(Blundell, Pistaferri, and Preston, 2008)。宏观经济杂志 *Review of Economic Dynamics* 2010 年专门出过一期特刊研究各个国家的收入不平等与消费不平等。Ding and He(2018)即延续 *Review of Economic Dynamics* 的风格,针对中国的情况,使用城镇住户调查数据(Urban Household Survey, UHS)分析了 1986—2009 年中国收入差距以及消费差距的情况,发现近 20 年来收入差距在不断扩大,并且伴随着消费差距的恶化,甚至在有些年份,消费不平等超过了收入不平等。文章在总结收入差距扩大的原因时,将收入差距的扩大归因于由国企改革等引起的永久性收入冲击的影响。Santaeulalia-Llopis and Zheng(2018)利用中国健康与营养调查数据(China Health and Nutrition Survey, CHNS)也得到类似的结论,即收入差距的扩大来自永久性收入冲击的影响。该文章还强调了家庭对永久性收入冲击的自我平滑能力有限,导致消费不平等的变动紧紧跟随收入不平等的变动。

发展经济学家则主要是从技术进步的角度理解收入差距的变动,其基本经济学逻辑为,假定经济的个体有高低技能之分,如果技术进步偏好于高技能个体,则高技能工资会更高,收入差距扩大,而如果技术进步偏好于低技能个体,则低技能工资会提高,收入差距缩小(Acemoglu, 2002)。董直庆、蔡啸和王林辉(2016)通过构建生命周期模型,将劳动者的学习能力和社交能力区分开来,探讨了不同层面技术进步对财产不平等以及流动性的影响,发现资本偏好的技术进步使得学习能力占优的家庭受益,从而改变财产分布情况。Molero-Simarro(2017)发现劳动收入份额的下降会提高收入差距。Zhang, Wan, Wang, and Luo(2017)则利用省级面板数据,通过首先构建技术进步指标,分析了技术进步对收入差距的影响,发现资本偏好型技术进步会显著降低劳动收入份额,从而推高收入差距。马红旗、黄桂田和王韧(2017)也是从资本—技能互补的角度,利用我国 1999—2011 年省际面板数据分析了物质资本对城乡收入差距的影响,发现物质资本的积累偏好技能型人才,从而扩大了收入差距,并且还提高了技能型劳动力的流动,降低了非技能型劳动力的流动,而这一影响又放大了对收入差距的扩大效应。虽然物质资本积累存在"教育激励"效应,但该影响受制于初始财富的不同,在城市的效果比较大,并最终扩大城乡收入差距。

而更多的研究是使用计量的方法探讨制度因素、发展因素等对收入差距的影响。如王小鲁和樊纲(2005)是早期探讨中国收入差距变动的研究者,作者当时断定收入差距还会继续上升,且下降的时间点并不能确定,同时文章还探讨了许多可能的降低收入差距的政策效果,如经济增长、收入再分配、社会保障、公共设施以及其他制度等方面的影响。陈纯谨和李实(2013)利用 1989—2009 年间的 8 次全国性城镇住户抽样调查数据,探讨了城镇劳动力市场结构变迁对劳动收入不平等的影响,发现在经济转型期间,随着教育回报率的提高,收入不平等的扩大是必然结果,而且教育和职业选择对不平等的贡献在提高,制度性因素,如所有制信息、性别差异、户籍制度和地区差异等对收入差距的贡献则在减小。邹红、奥蕾和喻开志(2013)利用 1989—2009 年间 CHNS 数据,对耐用品消费不平等进行了分析,并与收入不平等作了比较,同样发现虽然耐用品消费不平等不断下降而收入不平等在上升,但消费不平等一直大于收入不平等,并且"70 后"一代人具有更高的收入不平等和更低的消费不平等。耿德伟(2014)从组群的角度,利用中国家庭收入调查(Chinese Household Income Project, CHIP) 1995 年和 2002 年的数据分析了城镇收入不平等的变化,发现同一年龄组内的收入差距远高于不同年龄组间的收入差距,并且组内收入差距随着时间总体呈上升趋势,同时,越晚出生的年龄组组内收入差距越大。吴晓刚和张卓妮(2014)基于2005年1%人口普查抽样调查大样本数据分析了农民工与城镇工人间的收入差异,发现造成二者间收入不平等的主要因素是以户口为基础的职业隔离,而非同工不同酬的劳动力市场中的直接歧视,即许多工作机会并不会提供给农民工,一旦提供给农民工,其工资并不比城镇工人低。造成这一影响的原因主要是城乡地区间机会结构的不平衡,尤其是教育机会的巨大不平等。杨娟、赖德胜和邱牧远(2015)通过构建四期的生命周期模型(Life Cycle Model)分析了天生禀赋、义务教育和非义务教育对于收入差距和代际收入流动性的影响,发现义务教育是除天生禀赋外影响收入差距和代际流动性的最主要原因,加大义务教育阶段的公共支出力度可以有效缓解代际内收入不平等并增强代际间收入的流动性。龚锋、李智和雷欣(2017)利用CGSS数据区分了由外部环境差异导致的机会不平等,并检验了努力提高是否可以降低机会不平等这一问题,发现由于不同年代出生人的努力回报率不同,个体的努力程度对机会不平等的缩小具有明显的差异性,其中以"60后"和"70后"降幅最大,"80后"次之,"50后"的降幅最小。

在特别关注城镇收入差距的同时,一些学者也专门针对农村家庭作了分析。如程名望、Jin、盖庆恩和史清华(2016)使用全国农村固定观察点数据探讨了农户收入不平等的原因,发现农户收入不平等的主要成因是区域差异,而其他诸如人力或物质资本、家庭特征、制度与政策、政治与社会资本等因素对农户收入不平等的影响有限。刘贯春和刘媛媛(2016)在综述了金融结构对收入不平等的影响后,利用1996—2012年的省级面板数据实证探讨了其对收入差距的影响,发现提升直接融资比例可以缓解农村和整体的收入差距,但对城市内部作用不明显。同时,金融结构在不同时期的边际效应存在结构性突变,2002年后仅会缩小农村内部的收入差距。

第一章 文献综述

随着家庭资产的积累，财产不平等也受到社会的关注。宁光杰、雒蕾和齐伟（2016）综合利用西南财经大学 2011 年中国家庭金融调查（China Household Finance Survey，CHFS）、清华大学 2008 年消费金融调研的微观调查数据并配合相应年份的省级数据，探讨了家庭财产性收入不平等增加的原因，发现由于金融资产回报率异质性的存在，很难获取的租金收入和金融资产投资收益会扩大财产性收入差距，易获取的利息和保险收益会缓解财产性收入差距。同时，城乡差异、地区差异、受教育水平以及风险偏好程度等都会影响财产性收入差距。

由于中国的特殊性，在衡量收入差距的指标中，很多学者使用城乡收入差距来衡量收入不平等。陈斌开和林毅夫（2013）利用 1978—2008 年中国省级面板数据探讨了城市化对城乡收入差距的影响，发现重资本化的发展方式制约了对劳动力的使用，延缓了城市化的进程，扩大了城乡收入差距。研究还发现伴随着经济发展的进程，城乡收入差距会经历先下降后上升的 U 形特征。陈浪南、王升泉和陈文博（2016）采用贝叶斯模型平均方法并借助 2000—2013 年的省级面板数据分析了影响我国收入差距的影响因素，发现财政分权、城乡物质资本投资差异以及金融发展是重要的影响因素。其中，财政分权和金融发展会降低城乡收入差距，但城乡物质资本投资差异会提高收入差距。刘贯春（2017）借助 1996—2015 年省级面板数据分析了金融结构对城乡收入差距的影响，发现提升直接融资比例会通过促进经济增长和加速城市化的渠道显著降低城乡收入差距，在此过程中，城市化的作用要强于经济增长的作用。

第二节 收入差距对经济增长的影响

关于收入差距与经济增长的关系，库兹涅茨最先根据经验提出了著名的倒 U 形的库兹涅茨曲线假说,即在经济未充分发展的阶段,收入分配差距与经济发展正相关,并且伴随着经济发展,收入差距扩大。而当经济得到充分发展后,收入分配差距便与经济发展负相关。此后许多文献针对此现象从理论和实证角度进行了探讨。Galor and Moav(2004)就从英国工业革命得到启发,构建了模型去解释收入差距与经济增长之间的关系。文章的主要思路是,在发展初级阶段,经济增长主要靠物质资本积累,收入差距扩大使得资本集中于边际消费低的企业家手中,企业家可以投资扩大再生产,促进经济增长。但在经济发展后期,经济增长不再依赖于物质资本,而是主要依赖人力资本积累,此时收入差距扩大会放大信贷约束以及初始资本的作用,导致穷人人力资本投资降低,从而减弱经济增长。这从理论上印证了库兹涅茨假说。Aghion, Caroli, and Garcia-Penalosa(1999)综述了早期的研究进展,指出在 20 世纪 90 年代,伴随着收入差距的扩大,库兹涅茨曲线面临着新的实证证据的挑战,急需发展新的理论来理解收入差距与经济增长之间的负向关系。

针对中国的情况,张来明和李建伟(2016)从循环发展的角度指出收入分配既是经济发展的体现,又会决定未来的发展方向。当前我国正处于工业化后期,处于 Galor and Moav(2004)模型的物质资本累积向人力资本累积转型的阶段,缩小收入差距,扩大中产阶级规模,是未来更高质量经济发展的必然选择。钞小静和沈坤荣(2014)总结了收入差距对经济增长的影响并概括为四个机制:一是激励的机制,收入差距扩大会放大初始资本的重要性,限制穷人的投资机会,降低财富积累的激励,从而削弱经济增长;二是劳动分工的机制,平等的收入分配制度会促进分工协作进而提高低技能者的作用,从而有利于经济增长;三是消费需求的机制,收入差距扩大会降低家庭消费需求,从而从需求端制约经济增长;四是政治经济的机制,收入差距扩大会通过政府税收、社会冲突影响经济增长。

虽然已有许多理论来理解收入差距与经济增长的关系，但现实中究竟二者之间是何种关系还是需要实证分析的检验。在实证分析收入差距与经济增长之间的关系时，一个挑战就是收入差距的内生性问题，因此，许多研究在寻找新的收入差距指标或新的工具变量上作出了贡献。Banerjee and Duflo(2003)就总结了在利用跨国数据实证检验收入差距对经济增长的影响时经常遇到的问题，指出二者之间的关系可能并不是单纯的正或负的线性关系，更可能是复杂的非线性关系。文章利用非参数的方法确实发现收入差距变动对经济增长的影响呈倒"U"形，这一非线性结果也表明，收入差距与经济增长之间关系的复杂性。Cingano(2014)在一份 OECD 的报告中指出，收入差距会对经济增长造成显著的负面影响，特别是以低收入群体与其他群体收入之差来代表收入差距指标时。文章还强调了人力资本的重要作用，发现收入差距扩大会降低低收入群体的技能发展，但却不会影响高收入群体的教育水平。Bagchi and Svejnar(2015)利用福布斯富豪排行榜的数据构造了财富不平等指标，分析了财富不平等对经济增长的影响，发现财富不平等对经济增长有持续的负面效果，但收入不平等的影响很小，甚至不显著。Marrero and Rodriguez(2013)将收入不平等细分为由环境差异导致的机会不平等与由努力差异导致的努力不平等。他们发现机会不平等对经济增长是负面影响，努力不平等却对经济增长是正面影响，从而在整体上使得收入不平等与经济增长呈现出显著正相关的关系。Madsen, Islam, and Doucouliagos(2018)利用 OECD 国家的数据，选用共产主义思想在社会中的影响作为收入差距的工具变量，探讨了收入差距通过储蓄、投资、教育、创新等在金融发展约束下对经济增长的影响。研究发现这些因素在 2000 年前对 OECD 国家的经济增长造成了负面影响，而在 2000 年后这一负面影响扩大到全世界。Halter, Oechslin, and Zweimuller(2014)发现收入差距的影响在短期和长期差距很大,短期内会促进经济增长,但长期内却会降低经济增长。具体而言,滞后5年的收入差距会促进当前的经济增长,但会降低未来5年的经济增速。

针对中国的情况,钞小静和沈坤荣(2014)利用省级面板数据发现收入差距与经济增长呈现负相关关系。雷欣、程可和陈继勇(2017)借助Marrero and Rodriguez(2013)的分析框架,利用中国综合社会调查(Chinese General Social Survey, CGSS)数据,分析了中国努力不平等与机会不平等对经济增长的影响。结论也同Marrero and Rodriguez(2013)类似,即努力不平等对经济增长具有显著的正向促进作用,机会不平等对经济增长具有显著的负向抑制作用,而总体上表现为收入不平等与经济增长之间不存在显著关系。靳涛和邵红伟(2016)首先利用跨国数据验证了收入差距与经济增长之间的倒"U"形关系,并在此基础上提出了最优分配制度的特点。

随着微观数据的大量使用,很多学者借助于微观数据,重新构造各种经济不平等指标,更加微观地探讨了收入差距对经济增长的影响。Biswas, Chakraborty and Hai(2017)就利用美国各州的数据,借助税收政策对收入差距的影响,研究了收入差距变动与经济增长的关系,发现降低中等收入家庭与低收入家庭之间的收入差距会刺激经济增长,但降低高收入与中等收入间的收入差距会拖累经济增长。产生这一影响的原因在于降低收入差距会从供给端提高劳动供给,增加商业活力,并且还会在需求端增加消费需求。

第三节 收入差距对家庭消费以及其他方面的影响

在宏观经济学研究中,收入差距对总消费的影响源于边际消

第一章 文献综述

费倾向(Marginal Propensity to Consume, MPC)的异质性。一般而言,由于边际消费倾向随收入递减,富人的边际消费倾向比穷人的要低。如果发生收入分布由穷人向富人的倾斜,即收入差距扩大,那么总消费就会降低。因此很多研究都是从这个角度开展。杨汝岱和朱诗娥(2007)就利用中国社会科学院经济研究所1995年和2002年的收入分配微观数据,考察了家庭边际消费倾向与收入水平之间的关系,发现相对于低收入阶层和高收入阶层,中等收入阶层的边际消费倾向最高。陈斌开(2012)借助1978—2008年省级面板数据,实证检验了边际消费倾向递减的规律以及收入差距对消费的影响,发现收入水平提高后,居民的平均消费倾向、边际消费倾向均会下降,导致的结果就是城乡收入差距扩大会显著降低居民消费率。韩立岩和杜春越(2012)利用省级面板数据同样发现收入差距与消费之间是显著负向关系,并且这一负向关系存在较强的城乡和地区差异。高帆(2014)利用1992—2012年的省级面板数据也同样发现收入增加使得平均消费倾向下降,从而导致收入差距与平均消费倾向负相关,最终得到居民消费率与劳动者报酬占比正相关,与收入差距负相关。巩师恩和范从来(2012)利用省级面板数据还研究了收入差距对消费波动的影响,研究发现在经济发展水平相对较低的1988—1998年间,中国收入不平等与消费波动之间呈现显著的负相关关系;在经济发展水平较高的1999—2009年间,中国收入不平等程度与消费波动之间呈现显著的正相关关系。而在国际经验上,Bonger and Scheuermeyer(2016)利用跨国数据发现收入差距与消费之间的关系是非线性的,即在收入差距较小的时候,收入差距扩大会降低消费,但当收入差距较大的时候,收入差距扩大会增加消费。并且该转折点大概是 Gini 系数为 0.3。文章同时发现,在此过程中,信贷约束起到了重要作用,给定相同的收入差距,信贷约束越强的国家,收入差距对消费的抑制作用越强。Alvarez-Cuadrado and Mayssun(2012)基于相对收入假说理论,使用美国 PSID 数据以及 OECD 数据发现,当家庭关心自己与其他家庭的相对消费时,相对收入会显著提高家庭消费,同时收入差距也会提高消费。

随着微观数据的大量应用,很多学者开始使用微观数据研究收入差距对个体的影响,其中金烨、李宏彬和吴斌珍(2011)是其中的代表者。文章从社会地位寻求理论出发,指出收入差距可能从微观上影响家庭储蓄的作用机制。具体而言,低收入家庭希望跻身更高的阶层,需要储蓄积累财富,减少消费,而高收入家庭需要保住自己的地位,需要累积财富减少消费,文章使用 UHS 验证了这一论点。杭斌和修磊(2016)也从地位寻求的角度检验了收入差距对家庭消费的影响,并强调了信贷约束在其中的作用。文章利用中国家庭追踪调查数据(Chinese Family Panel Studies, CFPS)发现,虽然社会地位高的家庭的炫耀性消费产生的示范效应会抵消部分影响,但收入差距还是会显著降低中低等级家庭的消费水平,并且这些影响均与信贷约束息息相关。

但是,汪伟和郭新强(2011)对于地位寻求理论得到的"低收入家庭边际储蓄更高"的结论表示怀疑,因为根据传统经济学理论,低收入群体的边际消费倾向更高,从而其边际储蓄应该更低。作者于是提出可以通过引入习惯形成来解释中国高涨的储蓄率(低迷的消费)。文章首先构建理论模型证明中低收入者比高收入者具有更高的储蓄率,并且收入不平等程度越高,消费习惯越强,则其对消费的抑制作用越强,并且利用宏观数据证实了这一论点。崔海燕和杭斌(2014)也从习惯形成的角度,利用 2000—2009 年省级面板数据分析发现,由于中低收入家庭具有显著的消费习惯形成特征,同时高收入等级家庭的消费表现为耐久性,导致收入差距对中低收入家庭消费的影响显著,而对高收入等级家庭的消费没有显著性影响。但与此同时,国际上很多使用微观数据的研究发现家庭其实并不具有消费习惯形成的特点。对此，Chamon and Prasad(2010)利用 UHS 数据实证检验了消费习惯是否在中国存在的问题，发现中国家庭的消费习惯形成也不显著。因此，收入差距是否可以通过习惯形成产生影响仍然值得研究探讨。

最近，针对美国金融危机爆发的原因，一种论点认为，随着美国收入差距的扩大，美国穷人受到高收入群体消费的影响，即使借贷也要高消费，从而产生过多的债务导致金融危机的爆发。因此，家庭消费还可能受到其他家庭消费影响的相对收入假说再次得到大家的关注。Coibion, Gorodnichenko, Kudlyak, and Mondragon(2017)就分析了金融危机前收入差距扩大对家庭借贷以及消费的影响。文章指出，与传统认为的高收入差距导致低收入家庭在次贷危机前累积了大量债务的结论不同，同收入差距较低的地区相比，收入差距高的地区的低收入群体其实累积了相对较少的债务。并且，相对于低收入差距地区，高收入差距地区的家庭获得贷款更难，且即使获得，成本也更高。这些发现很难用需求侧的理论来解释，更可能是信贷供给侧的影响。而针对中国的情形，王湘红和陈坚(2016)使用 2008—2009 中国城乡劳动力流动调查(Rural-Urban Migration in China, RUMiC)数据，从相对收入假说的角度分析了收入差距对消费的挤出效应以及家庭攀比性消费对此的抵消作用。文章发现收入差距扩大会显著降低农民工的家庭消费率，特别是对收入较低的家庭，同时农民工与城镇职工之间的收入差距会长期抑制居民消费。李江一和李涵(2016)利用中国家庭金融调查(China Household Finance Survey, CHFS)2011年和 2013 年的数据，分析了城乡收入差距对家庭消费的影响，发现城乡收入差距扩大虽然会挤出农村家庭生存型与享受型商品消费，但会促进其人力资本和社会资本投入。但与此相反，城乡收入差距扩大对城镇家庭人力资本投入有负面影响，但会显著刺激其享受型消费支出。但收入差距扩大对消费的挤出现象可能在农村内部并不成立,Sun and Wang(2013)利用农村数据就发现,在考虑了相对收入假说的情况下,收入差距与农村居民的消费率呈倒U形关系。

收入差距不仅会影响家庭的消费,而且还会对社会其他方面产生影响。高波、王文莉和李祥(2013)借助2000—2010年全国35个大中城市的面板数据就发现,城市收入差距扩大是引发城市房价租金比上升的主要因素,完善收入分配制度、加强房价预期管理、培育租房市场等是防止房价泡沫的重要举措。徐舒和陈珣(2016)则通过理论与实证结合检验了收入差距对房价的影响,发现收入差距扩大可以推高住房价格,并且这个推动作用在住房市场竞争越弱的省份越强。周广肃、樊纲和申广军(2014)使用CFPS 2010年和2012年的数据探讨了收入差距扩大对健康的影响,发现收入差距扩大通过减少医疗资源的配置会显著降低居民健康水平,特别是在保障体制不健全的农村地区。虽然在此过程中,社会资本会通过其促进民间借贷和亲友间转移支付的方式对居民健康有显著促进作用,并会降低收入差距的负面影响。申广军和张川川(2016)则分析了收入差距对社会信任的关系,发现收入差距扩大会显著降低城乡居民的社会信任水平,并且该影响来源于各群体的认知偏误,即高收入群体在收入差距较大的社区会高估自己的地位,而低收入群体会低估自己的地位,因此导致二者之间的信任水平显著降低。刘一伟和汪润泉(2017)采用CFPS数据分析了收入差距与社会资本对贫困的影响,发现收入差距的扩大会导致教育与财政资源在区县间的配置不均,阻碍医疗保险制度的发展以及产业结构的提升,进而提高居民的贫困发生率。

第二章

相对收入对不同消费水平的居民的影响

第一节 引言与文献回顾

随着收入差距的扩大,其对社会方方面面的影响越来越引起学者的注意。[①]由于消费这架拉动中国经济增长的马车的日渐疲软,收入差距对消费的抑制作用也得到了广泛的关注。[②]从宏观总量的角度,由于边际消费倾向是随收入增加而降低的,因此当收入差距扩大时,高收入家庭虽然可支配收入较高,但边际消费倾向低;低收入家庭虽然边际消费倾向高,但可支配收入较低,从而导致总消费降低。但从微观家庭的角度,分析家庭消费受到收入差距等非家庭内部因素的影响时,均默认了一个前提,即相对收入假说(Relative Income Hypothesis)的成立。

相对收入假说认为家庭消费会受到示范效应的影响,这最早由 Duesenberry(1949)提出。这一假说的基本思想是家庭在消费中会互相影响,互相攀比。是否把收入用于消费不仅仅是由其绝对收入决定,而且还由家庭与别人的相对收入水平决定。也就是说,与目前流行的永久收入假说不同,相对收入假说认为家庭的消费不仅会受家庭绝对收入影响,也会受到家庭所在组群平均收

---

① 例如,收入差距对健康的影响(封进和余央央,2007;李实和杨穗,2011);收入差距对经济增长的影响(陆铭、陈钊和杨真真,2007;钞小静和沈坤荣,2014)。
② 金烨、李宏彬和吴斌珍,2011;杭斌和修磊,2016;李江一和李涵,2016。

入的影响。随着社会心理学的发展以及家庭微观数据的广泛应用,很多文献证明了相对收入假说的存在性(Drechsel-Grau and Schmid, 2014; Bertrand and Morse, 2016; Karadja, Mollerstrom, and Seim, 2017)。但在中国,相对收入假说是否存在呢?如果存在,家庭所受到的外界影响是在地域上还是代际上呢?即家庭消费究竟是受家庭所在地区的其他人收入的影响,还是受到与家庭户主同一组群的其他人收入的影响?对这些问题的回答不仅是检验相对收入假说在中国的有效性,更是为收入差距等宏观因素对家庭层面的影响提供微观基础,而这也是本章研究的出发点。

本章通过微观数据(中国家庭收入调查数据,CHIP 2013)来验证相对收入假说在中国的适用性。针对相对收入的不同度量维度,探讨究竟是家庭所在地区平均收入还是家庭户主所在代际(cohort)平均收入会对家庭消费产生影响。具体而言,本章定义了两种相对收入的衡量方式:其一为家庭所在城市的平均收入;另一为与户主同年龄[①]、同学历组[②]的家庭平均收入。即在中国,相对收入究竟是"跟上你的邻居"还是"跟上你的同窗"[③]。除了地域层面的相对收入,本章还定义代际层面相对收入的原因是由于中国处于剧烈的社会变动过程中,每一代人的价值观、消费观等都不尽相同,因此,代际层面相对收入的影响就可能很重要。

从数据上看,我们发现相对收入对家庭消费的确存在着正向影响(如图 2.1),但这一影响在统计上是否显著有待于我们去验证。我们发现,家庭消费主要是受到地域层面相对收入的影响,

---

[①] 年龄相差不超过 5 岁(包含 5 岁)的个体定义为在同一年龄组。
[②] 教育水平在同一等级的群体定义为同一学历组,我们把户主的教育水平分为三个等级,分别是:初中及以下;高中及中专;大学及以上。
[③] 英文文献中通常把这种现象称为"keeping up with the Joneses"。

而对代际层面相对收入的反应并不显著。具体来讲,在控制了其他影响因素的情况下,家庭所在城市的平均收入每升高1%,消费提高0.148%,且在1%水平上显著;家庭所在同年龄组同学历的组群的平均收入每升高1%,消费提高0.028%。

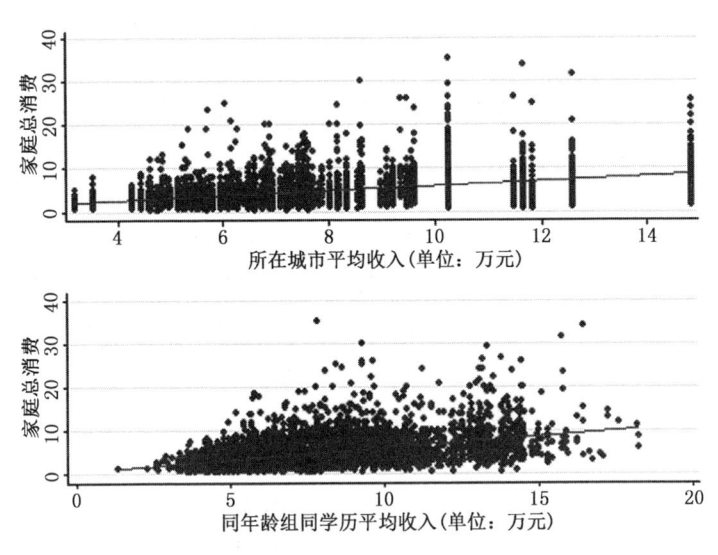

图 2.1　家庭消费与所在组群平均收入之间的关系

通过利用分位数回归分析相对收入假说对处在不同消费水平家庭的不同影响,我们发现,相对收入对不同消费水平群体的影响不同,对低消费水平群体的影响最大。以消费分布处在25%的家庭为例,其所处城市的平均收入每升高1%,消费增加0.156%,高于全样本的平均消费影响(0.148%)。而随着分位数的升高,家庭所在地区平均收入对其消费的影响越来越低,而这与相对收入假说的理论是一致的。家庭消费受其他人影响的主要渠道是为了攀比,而只有穷人才会攀比,富人不会攀比性消费。这也隐含了本书的重要政策含义,即提高平均收入水平可以缓解低收入群体的消费,特别是在贫困的地区。这也与改革开放之初的"让一部分人先富起来"的理念一致。

虽然国内利用微观数据检验相对收入假说的研究并不多见，但确实已有许多基于相对收入假说的分析框架针对特定问题的研究。如金烨、李宏彬和吴斌珍(2011)指出，收入差距的扩大会使地位高的人掌握更多的财富，同时使得进入所需要的财富积累也越高，导致人们有更强的储蓄动机，从而抑制消费。李江一和李涵(2016)分别考察了城乡收入差距对农村家庭消费与城镇家庭消费的影响，指出城乡收入差距扩大会促使农村家庭不断追赶城镇家庭。杭斌和修磊(2016)研究了收入不平等对城镇家庭消费的影响，指出由于炫耀性消费的存在，使得社会地位高的家庭的消费对社会地位较低的家庭有显著的示范效应。王湘红和陈坚(2016)考察了相对收入对农民工家庭消费的影响，指出在绝对收入不变的情况下，相对收入低的家庭消费率更高。本章通过微观数据对相对收入假说的检验，正是为相关的研究提供微观基础。

在国外的文献中，已有一些学者利用微观数据验证相对收入假说在家庭消费中的重要性。例如，Alvarez-Cuadrado and El-Attar Vilalta(2012)发现个人的消费不仅受到绝对收入影响，也会受到周围其他家庭消费的影响，而且个人储蓄会随着相对收入的增加而增加。Drechsel-Grau and Schmid(2014)利用德国社会经济面板数据，指出人们的消费会受到比自身收入高的其他家庭的影响，他们将比自身家庭收入高的人群定义为参照组，发现在控制个人收入以及个人及地区异质性时，参照组的平均消费每增加1%，自身家庭的消费量提高约0.3%。Frank, Levine, and Dijk(2014)指出人们的消费会显著受到比自身收入高的家庭的正向影响，这种现象又称为"支出瀑布"(expenditure cascades)，并且支出瀑布导致了非富裕家庭中收入与储蓄之间的负向关系。Karadja, Mollerstrom, and Seim(2017)利用瑞典的数据考察了相对收入对家庭收入再分配的影响路径,揭示了相对收入假说的重要性。

本章通过均值回归和分位数回归的方法,检验了相对收入对家庭消费的总体影响和异质性影响。同以往文献相比,本章的主要贡献在于:一是利用中国的微观数据验证了相对收入假说在中国的成立性。虽然已有文献利用相对收入假说的理论去研究一些实际问题,但并没有对其是否成立进行验证,本章即弥补了这方面的不足。二是利用分位数回归模型分析相对收入对不同消费群体的影响。分位数回归的优势在于不仅能够分析变量对消费的异质性影响,而且不需要对消费分布做任何假定,结果更加稳健。已有文献在采用分位数回归研究消费行为时大都基于宏观数据(陈娟、林龙和叶阿忠,2008;吴鑑洪、赵卫亚和谢祺,2014),而本章将此方法应用于微观数据。三是为了确保相关收入假说对消费影响的相关结论更加可信,本书将衡量城市收入水平的宏观数据(人均 GDP)与微观数据进行有效匹配,从而验证相对收入假说在中国的适用性,并提出更具有针对性的政策建议。

第二节 数据和研究方法

一、数据说明

本章使用的数据来自北京师范大学中国收入分配研究院提供的中国城镇居民家庭收入分配调查(CHIP)2013 年的城镇截面数据。该数据的搜集工作是在 2014 年七八月份间进行的,主要搜集了 2013 年家庭全年的收入和支出信息。数据涵盖北京、辽宁、江苏、山东、广东、山西、安徽、河南、湖北、湖南、重庆、四川、云南和甘肃等 14 个省市,其中包含 92 个城市(地级以上的市)。数据库包含家庭个人基本信息、工作状况、家庭收入支出、社会保障等丰富信息,有关该套数据的更多介绍可以参见赵西亮、梁文泉和李实(2013)的研究。

本章主要关心的被解释变量是居民消费。我们采用2013年居民家庭总消费支出(包括食品、衣着、居住、家庭设备用品服务、医疗保健、交通和通信、教育文化娱乐服务、其他商品和服务等八项支出)来衡量居民消费。家庭的消费与其绝对收入密切相关,这里我们采用家庭可支配收入①作为衡量收入的标准。同时,家庭可支配收入也是我们用来构造相对收入的主要变量。

我们选取两种定义平均收入的方法:(1)家庭所在城市的平均收入,在分析时,根据家庭的ID确定家庭所在城市,然后将同一城市所有家庭的可支配收入做平均;(2)与户主"同年龄、同学历组"家庭的平均收入,我们将所有样本按10个年龄组、3个教育水平组,共分成30个组,根据户主年龄与受教育水平,将同一组中的所有家庭的可支配收入做平均。由于在分类过程中可能会出现某一类中样本数量过少的现象,在分析时去掉了样本量小于20人的组群。②在稳健性检验中,我们将地域范围进一步缩小,根据家庭的ID确定其所在的区县,并进行类似分析。

根据李涛等(2014)的研究,家庭不同资产类型会对消费产生不同影响,并且根据生命周期理论,家庭流动性资产以及其他实物资产均可能影响家庭消费行为,我们需要在实证中尽可能控制这些资产的影响。本章根据资产的流动性、用途、来源等区别,分别控制了家庭金融资产、住户动产、经营性资产以及住户债务等

---

① 家庭可支配收入是指住户家庭所有个体获得的可自由支配于消费和投资的家庭总收入,包括工资性收入、经营性收入、财产性收入以及转移性收入。

② 同时我们也考虑删掉样本量小于30人或10人的组群,发现结果并没有显著变化。

第二章 相对收入对不同消费水平的居民的影响

不同资产类型会对消费产生的影响。家庭金融资产主要包括银行存款、现金、债券、股票、基金、期货以及其他金融理财产品；住户动产包括家用汽车、黄金、珠宝以及其他耐用品；经营性资产包括经营性固定资产和经营性流动资产；住户债务是指家庭所需偿还外界的债务，其中包括房贷、车贷、教育贷款以及其他家庭生活所欠债务。

考虑到家庭消费还受到其他因素的影响，如家庭人口组成、户主的性别、年龄、婚姻状况、教育水平、健康程度、工作单位等，我们构造了相应的变量并加以控制。在人口因素方面，包括家庭常住人口数、家庭中 14 岁以下（含 14 岁）儿童在家庭人口中比例（即少儿占比）、65 岁以上（含 65 岁）老人在家庭人口中的比例（即老年人占比）。户主在调查年份的周岁年龄作为户主的年龄变量。为了控制生命周期上年龄与消费的非线性关系，我们还考虑了年龄的平方项。户主的婚姻状况共分已婚和未婚两类，其中报告初婚和再婚的均定义为已婚，报告为同居、离异、丧偶以及未婚的定义为未婚。户主的教育水平共分三个等级：初中及以下，高中和中专，以及大学及以上，并且本章还构造了教育年限这一变量作为稳健性检验。户主的健康程度分为良好和较差两类，这里均是自评健康状况，将自评报告为好或者非常好的定义为"健康状况良好"（记为 1），将自评报告为一般、不好或非常不好的定义为"健康状况较差"（记为 0）。

在实际分析中，参照金烨等（2011）方法，我们删除了户主年龄小于 25 岁或大于 75 岁的样本，并将家庭人口规模控制在 10 人以内。为了消除异常值的影响，我们删除了消费性支出小于或等于零、可支配收入小于 100 元以及可支配年收入最高的 10 个家庭，同时也将关键变量缺失的样本去掉，最终得到 5 680 个样本。表 2.1 给出了这些变量的统计性描述。

表 2.1 变量统计性描述

变量名	观测值数量	均值	标准差	最小值	最大值
家庭层面统计性描述					
Ln(家庭消费)	5 680	10.562	0.646	7.824	13.593
Ln(可支配收入)	5 680	11.078	0.626	7.902	13.077
Ln(金融资产)	5 680	6.760	5.210	0	15.202
Ln(动产)	5 680	6.123	5.075	0	14.755
Ln(经营性资产)	5 680	0.891	3.042	0	16.067
Ln(债务)	5 680	1.654	4.012	0	14.732
家庭人数	5 680	2.997	1.069	1	8
少儿占比	5 680	0.106	0.155	0	0.667
老年人占比	5 680	0.104	0.256	0	1
年龄	5 680	49.124	11.643	25	75
户主教育水平	5 680	1.900	0.835	1	3
户主婚姻状况	5 680	0.904	0.294	0	1
户主性别	5 680	0.727	0.446	0	1
户主健康状况	5 680	0.697	0.459	0	1
城市层面统计性描述					
Ln(城市平均收入)	92	11.108	0.272	10.371	11.907
Ln(城市人均GDP)	83	10.738	0.562	9.438	11.960
Ln(区县平均收入)	177	11.100	0.319	10.078	11.907

从表2.1可以看出,家庭可支配收入的对数平均值为11.078,高于家庭消费的对数平均值10.562。并且家庭总消费的对数标准差也大于家庭总收入的对数标准差,说明消费的不平等大于收入的不平等,这与 Cai, Chen, and Zhou(2010)等人的研究类似,是一个中国特色的谜团(puzzle)。从家庭资产与负债来看,家庭金融资产与动产差距不大,均大于家庭经营性资产,并且家庭债务虽然低于资产总值,但也是一个不可忽视的数字。在家庭结构方面,由于"一胎化"政策的影响,家庭规模很小,平均为2.997人,

少儿占比为 0.106,老年人占比与之非常接近,侧面说明人口老龄化在我国已经成为严峻的问题。家庭中户主为男性的比例为 72.7%,平均年龄为 49 岁,90.4% 的家庭已婚。户主健康状况均值为 0.697,处于良好水平。户主的平均受教育水平为 1.9,接近高中和中专水平。

二、模型设定

(一) 均值回归模型

本部分重点研究家庭所在组群平均收入对消费的影响。根据相对收入假说,家庭的消费不仅受家庭可支配收入的影响,而且还受家庭所在组群相对收入的影响。因此,为验证相对收入假说在中国是否成立,我们首先构造如下回归模型:

$$\ln C_i = \beta_0 + \beta_1 \ln(Inc)_i + \beta_2 \ln(\overline{Inc})_i + \beta_3 X_i + \varepsilon_i \quad (2.1)$$

其中,C 表示家庭的消费,Inc 表示家庭的可支配收入,$\overline{Inc}$ 表示家庭所在组群的平均收入。如果相对收入假说成立,则 β_2 显著大于零。X_i 是其他影响家庭消费的控制变量,包括家庭的各种资产,户主性别、年龄、受教育水平、婚姻状况,家庭中少儿占比,老年人占比,以及省份虚拟变量等。β_3 是这些变量的系数,ε_i 表示误差项。

(二) 分位数回归模型

均值回归研究的是变量之间的平均影响,但无法反映变量分布的影响,并不能充分揭示变量之间的关系(Frolich and Melly, 2010;朱平芳和邸俊鹏,2017)。例如,上述均值回归模型反映的是相对收入对消费的平均影响,并不能捕获相对收入在消费分布上对不同消费群体的影响。事实上,相对收入在消费分布上可能会存在不同的特征:对上尾部(高消费群体)的影响小于对下尾部(低消费群体)的影响。相比而言,分位数回归方法能够更全面地刻画相对收入对家庭消费的影响,并且对误差分布的假设条件更加稳健。[1]我们主要采用 Koenker and Bassett(1978)提出的分位数回归模型进行研究:

$$Q_\tau(\ln C_i|\Omega)=\beta_{\tau,0}+\beta_{\tau,1}\log(Inc)_i+\beta_{\tau,2}\log(\overline{Inc})_i+\beta_{\tau,3}X_i+\varepsilon_i \tag{2.2}$$

其中 $Q_\tau(\ln C_i|\Omega)$ 是消费对数值的条件分位数,其他变量的含义与式(2.1)相同,但与(2.1)中不同的是这里的回归系数体现的是各个变量对消费分布在 τ 分位点的影响。

第三节 实 证 分 析

一、相对收入对家庭消费的平均影响

在回归分析中,为了保证模型的稳健性,我们一共构建了四个回归模型。模型1作为基准对照组,没有考虑任何与相对收入有关的变量;模型2考虑了所在城市平均收入作为相对收入的指标;模型3考虑了户主同年龄组同学历人群平均收入作为相对收入的指标;模型4两种处理相对收入的方式都被考虑进来。

表2.2报告了主要回归结果。由表第2至第4列可以看出,家庭所在城市平均收入对家庭消费有显著正的影响,平均而言,所在城市平均收入每升高1%,则家庭消费增加0.148%,在1%的水平上显著。但户主同年龄组同学历人群的平均收入虽然对家庭消费的影响也为正的,但统计上并不显著。这说明相对收入假说在中国是成立的,但主要影响是地域方面的,也就是家庭的消费行为主要受周围人影响,而不是受同一代人影响。其可能的原

---

[1] 均值回归中假设误差项的条件期望为0,即 $E(\varepsilon_i|X_i)=0$,而分位数回归中只需要满足 $Q_\tau(\varepsilon_i|X_i)=0$,对其期望没有限制。

第二章 相对收入对不同消费水平的居民的影响

因在于,根据生命周期理论,家庭会将收入、消费、资产积累等在其一生中最优地进行配置,因此,同年龄组同学历的家庭无论在收入还是消费上都具有相似性,这也与上节的分析中同年龄组同学历的家庭收入对数方差很小相一致。因此户主自身的家庭收入与同年龄组同学历家庭平均收入相关性很强,差异性很弱,表现为家庭在进行消费时仅考虑自身的收入就够了。而在地域层面上,由于家庭所在城市居民的差异性,因此家庭周围人的收入可能与自己差异性很大,导致家庭在消费时不仅考虑自身的收入情况,而且也会考虑周围人的收入消费水平,受到周围人的影响。

在家庭收入方面,由第 2 至第 4 列不难看出,其对消费有显著正的影响,与持久收入假说相符。平均而言,如果不考虑相对收入假说的影响,家庭收入每提高 1%,则家庭消费升高 0.699%。但如果考虑了相对收入的影响,则家庭收入每升高 1%,则家庭消费升高 0.679%。由此可以看出,即使我们考虑了相对收入假说的影响,家庭收入对消费的影响仅仅下降了 0.02%,并没有显著降低。这说明控制了相对收入后,并没有影响家庭绝对收入对消费的解释能力,即相对收入假说与持久收入假说是不冲突的,是对持久收入假说的有效补充。

接下来我们以表 2.2 第 4 列为例详细解释其他变量的影响。户主为男性的家庭消费显著低于户主为女性的家庭,反映了消费的性别差异。在年龄上,家庭消费与年龄呈现倒"U"形关系,即开始时,随着年龄的增加,家庭消费逐渐升高,但当年龄上升到一定程度,消费会下降,但并不显著,这也与李宏彬、施新政和吴斌珍(2015)的研究一致。在婚姻关系上,已婚家庭的开销变大,导致消费升高。户主健康水平较差的家庭,消费要高一些,这可能是由于健康状况变差使得家庭需要更多的医疗方面的支出,从而使得家庭总消费增高。家庭常住人口数与家庭消费呈现显著的正向关系,意味着家庭中人数越多,消费开支越大。从家庭内部结构来看,家中孩子的比例与家庭的消费呈现正向关系,老年人占比则与家庭的消费呈现负向关系,但均没有显著的影响。在教育方面,相对于户主教育等级为小学的家庭,随着教育的提高,家庭对未来收入的预期也越高,因此家庭的消费也增大。①

表 2.2 相对收入对家庭消费的平均影响

	被解释变量:Ln(家庭总消费)			
	(1)	(2)	(3)	(4)
Ln(城市平均收入)		0.148***		0.148***
		(0.031)		(0.031)
Ln(同年龄组同学历平均收入)			0.029	0.028
			(0.037)	(0.037)
Ln(家庭可支配收入)	0.699***	0.681***	0.697***	0.679***
	(0.011)	(0.012)	(0.011)	(0.012)
男性	−0.041***	−0.038***	−0.041***	−0.038***
	(0.013)	(0.013)	(0.013)	(0.013)
年龄	0.003	0.003	0.002	0.003
	(0.005)	(0.005)	(0.005)	(0.005)
年龄的平方/1 000	−0.045	−0.050	−0.036	−0.041
	(0.048)	(0.048)	(0.049)	(0.049)
已婚	0.039*	0.041*	0.039*	0.041*
	(0.021)	(0.021)	(0.021)	(0.021)
健康状况	−0.071***	−0.069***	−0.071***	−0.068***
	(0.013)	(0.013)	(0.013)	(0.013)
高中及中专	0.065***	0.064***	0.060***	0.060***
	(0.014)	(0.014)	(0.016)	(0.015)
大学及以上	0.108***	0.107***	0.095***	0.095***
	(0.016)	(0.016)	(0.023)	(0.023)

① 此外,我们还尝试考察了户主工作单位的所有制性质,发现其对消费的影响不显著。这说明归根结底影响消费的是收入,而不同单位所有制所蕴含的收入风险并不能显著改变家庭的跨期替代。

(续表)

	被解释变量:Ln(家庭总消费)			
	(1)	(2)	(3)	(4)
老年人占比	−0.018	−0.017	−0.017	−0.016
	(0.032)	(0.032)	(0.033)	(0.032)
少儿占比	0.017	0.014	0.017	0.013
	(0.045)	(0.045)	(0.045)	(0.045)
家庭规模	0.016**	0.020***	0.016**	0.020***
	(0.006)	(0.006)	(0.006)	(0.006)
Ln(金融资产)	−0.001	−0.001	−0.001	−0.001
	(0.002)	(0.002)	(0.002)	(0.002)
Ln(动产)	0.010***	0.010***	0.011***	0.010***
	(0.002)	(0.002)	(0.002)	(0.002)
Ln(生产性资产)	−0.000	0.000	−0.000	0.000
	(0.002)	(0.002)	(0.002)	(0.002)
Ln(债务)	0.006***	0.006***	0.006***	0.006***
	(0.001)	(0.001)	(0.001)	(0.001)
省份虚拟变量	控制	控制	控制	控制
常数项	2.712***	1.182***	2.430***	0.916*
	(0.161)	(0.357)	(0.395)	(0.505)
N	5 680	5 680	5 680	5 680
R^2	0.579	0.580	0.579	0.581

注:括号内为稳健性标准误;符号 *、**、*** 分别指在10%、5%和1%的显著性水平上显著。

在家庭资产对消费的影响方面,我们发现家庭金融资产对消费的影响不显著。家庭金融资产的增加会增加家庭对衣着、交通、通信和教育的支出,但同时会减少对医疗资源的支出,从而导致对总消费的影响不显著(李涛和陈斌开,2014)。家庭动产对消费有显著的促进作用,这也与李涛和陈斌开(2014)、黄静和屠梅曾(2009)、张大永和曹红(2012)等的研究一致。这说明相对于金融资产,家庭动产这些变现能力较弱的更具有"财富效用",并且还可以看出,家庭资产对消费的影响要远远低于自身的可支配收入。究其原因,可能由于家庭自身的可支配收入与家庭的永久收入相关性强,而家庭的消费主要受永久性收入以及相对收入的影响,而家庭资产则作为一种存量,被均匀地分配到各年的消费中,导致边际消费倾向偏低。家庭生产性资产对家庭的消费为正,而且非常小,并且在统计学上不显著,这可能的原因是虽然家庭的生产性资产会增加财富效用,但拥有家庭生产性资产的家庭更多的是家庭小作坊或者个体户,他们更加规避风险,消费意愿并不高。而平均而言,家庭债务对消费有显著的促进作用,说明家庭债务会显著改善家庭的流动性约束,增加家庭的消费。

二、 相对收入对处于不同消费水平的家庭的影响

上述均值回归的方法只是考察了平均意义下组群收入对家庭消费的影响,那么其对处于不同消费水平上的家庭的影响是否相同呢？接下来我们利用分位数回归的方法来考察组群收入对处在不同消费分位数上家庭消费的影响。由前面的回归结果可知,相对收入假说在地域层面是成立的,而在代际方面并没有得到验证。因此,我们用来衡量相对收入水平的指标即是家庭所在城市的平均收入。我们分别选取处于不同消费分位点(τ)的家庭进行回归,这里给出 τ 在 25%、50%、75%、90% 分位数上的结果。

由表 2.3 可知,城市的平均收入对处在不同消费水平的家庭均有显著的影响,但也具有明显的差异性。不难看出,城市平均收入对消费水平处于低分位数上家庭影响最大,并且随着消费水平的增高呈逐渐降低的趋势。具体而言,城市平均收入每提高 1%,对于分位数在 25% 上的家庭,其消费支出将增加 0.156%,高于平均影响 0.148%,且在 1% 水平上显著,其对应的 t 统计量为

3.90(＝0.156/0.040);对于分位数在90％的家庭而言,消费支出将仅增加0.1％,低于平均影响,而且显著性较25％分位数上有所降低,其对应的t统计量为2.94(＜3.90)。从量级上看,相对于在25％分位数上的家庭,城市平均收入对90％分位数上家庭的影响下降了高达30％。这一结果与相对收入假说理论是相一致的。一般而言,低消费家庭收入较低,高消费家庭收入较高,相对收入假说认为个人的消费受他人影响主要是为了攀比,而只有穷人才会攀比,富人不会攀比性消费,因此,收入越低的家庭其攀比效应越强。并且,相对于其他变量对消费的影响,这一结果也表明,分析相对收入假说时分层回归的重要性。

在其他变量的影响方面,家庭可支配收入对家庭消费仍有显著的影响,并且随着分位数点的上升,其影响越来越大,这一结果表明,消费越多的家庭其收入弹性越大。由于此处分位数点是基于家庭消费,而不是基于家庭收入,因此这一结果与边际消费递减并不矛盾。少儿占比在低分位点上对家庭消费支出有显著的正向影响,而在高分位数和均值回归中影响均不显著。这可能是对于中高消费群体来说,家中孩子的支出并不是消费支出的主要部分(蔡超、李丽和薛伟,2014)。其他解释变量的系数与均值回归中较为类似。

表2.3 相对收入对不同消费水平的家庭的影响

	被解释变量:Ln(家庭总消费)			
	$\tau=0.25$	$\tau=0.50$	$\tau=0.75$	$\tau=0.90$
Ln(城市平均收入)	0.156***	0.145***	0.130***	0.100***
	(0.040)	(0.036)	(0.031)	(0.034)
Ln(家庭可支配收入)	0.671***	0.706***	0.732***	0.768***
	(0.015)	(0.014)	(0.011)	(0.013)
男性	−0.031*	−0.048***	−0.037***	−0.041***
	(0.017)	(0.016)	(0.013)	(0.014)

（续表）

	被解释变量:Ln(家庭总消费)			
	$\tau=0.25$	$\tau=0.50$	$\tau=0.75$	$\tau=0.90$
年龄	0.006	0.001	0.001	−0.002
	(0.006)	(0.005)	(0.005)	(0.005)
年龄的平方/1 000	−0.081	−0.020	−0.015	0.007
	(0.062)	(0.056)	(0.047)	(0.051)
已婚	0.061**	0.024	0.024	0.032
	(0.027)	(0.024)	(0.021)	(0.023)
健康状况	−0.074***	−0.055***	−0.043***	−0.025*
	(0.017)	(0.015)	(0.013)	(0.014)
高中及中专	0.048***	0.082***	0.067***	0.039**
	(0.018)	(0.017)	(0.014)	(0.015)
大学及以上	0.098***	0.097***	0.113***	0.090***
	(0.021)	(0.019)	(0.016)	(0.018)
老年人占比	0.032	−0.049	−0.033	−0.018
	(0.042)	(0.038)	(0.032)	(0.035)
少儿占比	0.166***	0.028	−0.029	−0.079
	(0.059)	(0.053)	(0.045)	(0.049)
家庭规模	0.014*	0.019**	0.022***	0.017**
	(0.008)	(0.008)	(0.006)	(0.007)
Ln(金融资产)	−0.001	−0.004	−0.003*	−0.003
	(0.003)	(0.002)	(0.002)	(0.002)
Ln(动产)	0.012***	0.010***	0.009***	0.007***
	(0.003)	(0.002)	(0.002)	(0.002)
Ln(生产性资产)	−0.000	−0.000	0.000	0.001
	(0.002)	(0.002)	(0.002)	(0.002)
Ln(债务)	0.003	0.004**	0.006***	0.006***
	(0.002)	(0.002)	(0.001)	(0.002)
省份虚拟变量	√	√	√	√
常数项	0.845*	1.021**	1.146***	1.423***
	(0.467)	(0.418)	(0.354)	(0.387)
N	5 680	5 680	5 680	5 680
R^2	0.355	0.376	0.414	0.415

注：括号内为稳健性标准误；符号 *、**、*** 分别指在 10%、5% 和 1% 的显著性水平上显著。

三、其他相对收入的代理变量

在前面的分析中,我们构建衡量相对收入的指标时用的是家庭所在城市的平均收入,并且计算时直接利用微观数据样本进行构造。但是对家庭分组的时候,一个不可避免的问题就是家庭所在的组群的样本数量如果太少,[1]则会使得家庭所在组群的平均收入与家庭自身的绝对收入高度相关,这样考虑自身收入的情况就相当于考虑了相对收入情况,导致我们估计的相对收入对消费的影响产生偏误。因此,本部分我们试图从数据样本外寻找可以替代地区平均收入的衡量指标。考虑到城市的人均 GDP 可以从一定程度上代表城市的收入水平,并且不是由样本自身产生,因此我们将各个城市的人均 GDP 数据与家庭层面的微观数据进行匹配,并按照家庭所在城市分为不同的组群,验证相对收入假说是否依然成立。

表 2.4 报告了主要回归结果,第 1 列是用人均 GDP 替代城市平均收入之后的均值回归结果,第 2—5 列是分别在分位点为 0.25、0.50、0.75、0.90 的回归结果。从回归结果中可以看出,平均而言,城市的人均 GDP 水平对家庭的总消费有显著正向,与相对收入假说相符,城市的人均 GDP 每升高 1%,消费上升 0.063%。在分位数回归中,人均 GDP 对于消费处于低分位数上的人群影响最大,对处于 25% 分位数上的家庭而言,城市人均 GDP 每升高 1%,则消费上升 0.075%,随着家庭消费分位数的提高,城市人均 GDP 的影响也变得越来越低,并且我们还发现在 90% 分位数上,人均 GDP 对家庭消费影响的显著性大大降低,其 t 统计量为 1.58 (0.030/0.019),接近 10% 显著水平下的 t 统计量(1.69),这些结果

---

[1] 尽管我们在前面进行一系列的分析时,已经参照文献去掉了样本数量小于 20 的组群。

均与前面的分析相一致。

表 2.4 相对收入对家庭消费的影响（采用人均 GDP 替代城市平均收入）

被解释变量： Ln(家庭总消费)	(1) 均值 回归	分位数回归			
		(2) $\tau=0.25$	(3) $\tau=0.50$	(4) $\tau=0.75$	(5) $\tau=0.90$
Ln(城市人均 GDP)	0.063***	0.075***	0.059***	0.054***	0.030
	(0.015)	(0.019)	(0.018)	(0.016)	(0.019)
Ln(可支配收入)	0.690***	0.676***	0.716***	0.747***	0.770***
	(0.012)	(0.015)	(0.014)	(0.012)	(0.014)
男性	−0.036**	−0.038**	−0.040**	−0.036**	−0.046***
	(0.014)	(0.018)	(0.017)	(0.014)	(0.017)
年龄	0.005	0.012*	0.006	0.004	0.001
	(0.005)	(0.006)	(0.006)	(0.005)	(0.006)
年龄的平方/1 000	−0.067	−0.137**	−0.074	−0.051	−0.020
	(0.051)	(0.064)	(0.061)	(0.052)	(0.062)
已婚	0.034	0.036	0.015	0.014	0.031
	(0.023)	(0.028)	(0.027)	(0.023)	(0.027)
健康状况	−0.069***	−0.080***	−0.050***	−0.040***	−0.021
	(0.014)	(0.018)	(0.017)	(0.014)	(0.017)
高中及中专	0.063***	0.053***	0.076***	0.067***	0.038**
	(0.015)	(0.019)	(0.018)	(0.015)	(0.018)
大学及以上	0.111***	0.095***	0.097***	0.105***	0.096***
	(0.017)	(0.021)	(0.020)	(0.017)	(0.021)
老年人占比	−0.015	0.059	−0.019	−0.024	−0.002
	(0.035)	(0.043)	(0.041)	(0.035)	(0.042)
少儿占比	−0.010	0.162***	0.004	−0.055	−0.079
	(0.048)	(0.060)	(0.057)	(0.048)	(0.058)
家庭规模	0.023***	0.018**	0.024***	0.019***	0.016*
	(0.007)	(0.009)	(0.008)	(0.007)	(0.008)
Ln(金融资产)	−0.001	−0.000	−0.004	−0.005**	−0.003
	(0.002)	(0.003)	(0.002)	(0.002)	(0.002)
Ln(动产)	0.010***	0.010***	0.009***	0.010***	0.007***
	(0.002)	(0.003)	(0.002)	(0.002)	(0.003)

(续表)

被解释变量：Ln(家庭总消费)	(1) 均值回归	分位数回归				
		(2) $\tau=0.25$	(3) $\tau=0.50$	(4) $\tau=0.75$	(5) $\tau=0.90$
Ln(生产性资产)	0.001	0.002	0.002	0.001	0.002
	(0.002)	(0.003)	(0.002)	(0.002)	(0.002)
Ln(债务)	0.005***	0.003	0.003	0.006***	0.006***
	(0.002)	(0.002)	(0.002)	(0.002)	(0.002)
省份虚拟变量	√	√	√	√	√
常数项	2.049***	1.631***	1.812***	1.816***	2.166***
	(0.228)	(0.284)	(0.270)	(0.229)	(0.275)
N	5 010	5 010	5 010	5 010	5 010
R^2	0.589	0.363	0.381	0.419	0.418

注：括号内为稳健性标准误；符号 *、**、*** 分别指在 10%、5% 和 1% 的显著性水平上显著。

第四节 稳健性检验

一、采用平均消费倾向(APC)替代家庭总消费

家庭总消费衡量的是家庭绝对消费，我们还进一步考察了相对收入对家庭平均消费倾向的影响，将模型(2.1)做简单变化如下：

$$APC_i = \theta_0 + \theta_1 \ln(Inc)_i + \theta_2 \ln(\overline{Inc})_i + \theta_3 X_i + \varepsilon_i \quad (2.3)$$

这里 $APC=C/Inc$，表示家庭的平均消费倾向，模型中其他解释变量的定义与(2.1)中相同。为了便于比较，我们依旧构造了四个回归模型：模型 1 作为基准对照组，不包含任何与相对收入有关的解释变量；模型 2 分析了家庭所在城市平均收入对平均消费

倾向的影响;模型3分析了同一省份内与户主同年龄组同学历的人群的平均收入对平均消费倾向的影响;模型4分析了这两种因素同时对平均消费倾向的影响。表2.5报告了回归结果,由于篇幅的限制,此处不列出所有控制变量的结果,只报告关心解释变量的系数估计。

表 2.5 稳健性检验 1(采用 APC 作为被解释变量)

	被解释变量:APC			
	(1)	(2)	(3)	(4)
Ln(城市平均收入)		0.117***		0.117***
		(0.026)		(0.026)
Ln(同年龄组同学历平均收入)			0.053*	0.052*
			(0.031)	(0.031)
Ln(可支配收入)	−0.220***	−0.234***	−0.224***	−0.238***
	(0.009)	(0.010)	(0.010)	(0.010)
控制变量	√	√	√	√
省份虚拟变量	√	√	√	√
N	5 680	5 680	5 680	5 680
R^2	0.114	0.118	0.115	0.118
adj. R^2	0.110	0.113	0.110	0.113

注:括号内为稳健性标准误;符号 *、**、*** 分别指在10%、5%和1%的显著性水平上显著;控制变量同表2.2。

由表2.5不难看出,家庭所在城市的平均收入对其平均消费倾向有显著的正向影响,城市平均收入每上升1%,APC上升0.117%。同年龄组同学历的组群的平均收入对APC虽然也有正向影响,只在10%的水平下显著,无论是大小还是显著性上,均比城市平均收入的影响要弱,这与之前的结论相一致,即家庭更易受到地域层面因素的影响,而不会受到代际因素的影响。通俗地讲,一个家庭的消费支出更有可能攀比对门邻居,而不会攀比远在异乡的同班同学。可支配收入的回归系数为显著为负,意味着APC随着收入的上升而下降,这与文献中结论相一致(如金烨等,2011),高收入的家庭的平均消费倾向要低,也就是中国的"富人储蓄多的现象"(Dynan, Skinner and Zeldes, 2004)。

二、采用区县平均收入替代城市平均收入

前面采用均是城市层面的平均收入衡量家庭所在组群的相对收入水平,为了验证其在地域范围选取的稳健性,我们采用区县平均收入替代城市平均收入。表2.6报告了主要回归结果。从表2.6可以看出,使用区县平均收入作为相对收入的衡量指标,结论与基准模型相一致。即从平均意义而言,保持家庭的绝对收入不变,如果家庭所在区县的平均收入升高1%,则消费提高0.149%。从分位数回归的结果来看,区县平均收入对消费水平处在低分位点上的家庭影响最大,随着分位点的提高,其对消费的提升作用越来越小。

表2.6 稳健性检验2(采用区县平均收入替代城市平均收入)

被解释变量: Ln(家庭总消费)	均值回归	分位数回归			
		$\tau=0.25$	$\tau=0.50$	$\tau=0.75$	$\tau=0.90$
Ln(区县 平均收入)	0.149*** (0.026)	0.147*** (0.033)	0.137*** (0.031)	0.119*** (0.026)	0.090*** (0.029)
Ln(家庭 可支配收入)	0.671*** (0.012)	0.667*** (0.015)	0.696*** (0.014)	0.728*** (0.012)	0.757*** (0.013)
控制变量	√	√	√	√	√
省份虚拟变量	√	√	√	√	√
N	5 623	5 623	5 623	5 623	5 623
R^2	0.580	0.355	0.376	0.412	0.414

注:括号内为稳健性标准误;符号*、**、***分别指在10%、5%和1%的显著性水平上显著。控制变量同表2.2。

三、采用家庭收入与所在城市平均收入的相对值替代城市平均收入

以上分析中,我们采用家庭所在城市的平均收入作为衡量相对收入的指标,其是一个绝对值,接下来我们考虑构造相对指标来衡量相对收入,这里我们采用家庭收入与所在城市平均收入的比值作为衡量相对收入的指标。我们对如下方程进行回归:

$$\log C_i = \gamma_0 + \gamma_1 \log(Inc)_i + \gamma_2 \log\left(\frac{Inc}{\overline{Inc}}\right)_i + \gamma_3 X_i + \varepsilon_i \quad (2.4)$$

其中变量名的定义与模型(2.1)中相同。由前面的分析可知,家庭所在城市的平均收入越高,则家庭消费越高。根据相对收入假说理论,个人的消费受他人影响主要是为了攀比,如果家庭自身的收入相对于所在地区的平均收入越高,则攀比效应就会减弱;家庭自身收入越低于所在城市平均收入,则攀比效应就会越强。因此,倘若与相对收入假说相符,则上述模型中 $\log\left(\frac{inc}{\overline{inc}}\right)$ 前面的系数 γ_2 的估计值应该为负。

由表2.7可以看出,家庭收入在所在城市的相对值对家庭消费有显著负的影响,平均来看,其相对值每升高1%,则家庭消费降低1.673%。事实上,家庭收入的相对值可以看作是家庭收入在城市的排序,其值越低,表示家庭在所在城市的排序越低。而根据相对收入假说理论,相对收入排序较低的家庭,由于炫耀性消费而消费支出会较高(王湘红和陈坚,2016)。从分位数回归的结果来看,对于处于低消费水平的家庭来说,家庭收入与所在城市平均收入的相对值对家庭总消费的影响越大,随着家庭消费所处分位数的上升,其影响越来越小,这与前面的分析一致,即处于高消费水平的人更不容易受到相对收入的影响。

表 2.7 稳健性检验 3(采用相对指标替代城市平均收入)

被解释变量： Ln(家庭总消费)	均值回归	分位数回归			
		$\tau=0.25$	$\tau=0.50$	$\tau=0.75$	$\tau=0.90$
$\mathrm{Ln}\left(\dfrac{\text{家庭可支配收入}}{\text{所在城市平均收入}}\right)$	−1.673***	−1.772***	−1.653***	−1.509***	−1.137***
	(0.345)	(0.451)	(0.406)	(0.342)	(0.381)
Ln(家庭可支配收入)	2.354***	2.442***	2.359***	2.241***	1.904***
	(0.342)	(0.446)	(0.402)	(0.338)	(0.377)
控制变量	√	√	√	√	√
省份虚拟变量	√	√	√	√	√
N	5 680	5 680	5 680	5 680	5 680
R^2	0.581	0.356	0.376	0.414	0.415

注：括号内为稳健性标准误；符号 *、**、*** 分别指在 10%、5% 和 1% 的显著性水平上显著。控制变量同表 2.2。

本 章 小 结

改革开放以来，我国经济增长迅速，人民生活水平越来越高。投资、消费、出口已经成为拉动中国经济增长的"三驾马车"。但是近年来，"三驾马车"之间的失衡越来越严重，虽然政府推出了许多刺激消费的政策，但内需不足仍是困扰中国经济的顽疾。近些年来，随着我国经济转型压力的日益增大，如何有效地提高国内居民消费水平，扩大内需，更是成为经济转型的关键。而针对消费低迷现象的研究，大多数文献仍然采用永久收入假说作为分析框架，仅能捕捉消费的平均效应和家庭内部的影响因素。由于中国的区域发展十分不平衡，针对全国的政策可能在特定地区就会失效，并且很多推动消费的影响因素在家庭之外，因此，如何将相对收入假说纳入分析中来，并进一步检验其在中国的适用情况,就成为研究中国消费问题以及提出切实可行政策的一个重要方面。

本章即利用CHIP 2013年的数据检验了相对收入假说在中国的适用情况,探究是地域因素还是代际因素影响家庭消费,并且针对地区发展不平衡的问题,利用分位数回归研究了相对收入假说对不同消费水平上家庭的影响程度。我们的研究指出,相对收入假说在地域层面是成立的,即家庭所在城市的平均收入提高会引起家庭消费相应提高。同时,相对收入假说对不同消费水平群体影响也不尽相同,对消费水平低的群体影响最大,并且该影响随着家庭所处消费分位数的升高而降低。

本章的发现也蕴含着差异性的政策建议。由于城市平均收入对低消费家庭影响明显,而消费的人群其家庭收入也较低,因此,对于低收入家庭,政府可以提供职业培训机会,优化区域产业结构调整,提高这一群体的就业与收入,保障其收入增速与全体居民增速一致,不会因为收入增速过低的原因被挤出消费;而对于高收入家庭,由于其消费更多受自身因素影响,相对收入对其影响较弱,因此,政府可以通过完善公共管理体系,降低这一群体的预防性储蓄、为养老而储蓄等的动机,不但使得其自身消费增加,而且通过示范效应推动其他群体的消费行为。

第三章

相对收入假说下的收入差距对消费的影响

第一节 引 言

改革开放以来,经过近几十年的发展,人民生活水平越来越高,但消费不振始终是困扰中国经济的一个难题。[1]特别是在金融危机之后,中国经济发展的外部环境变差,出口受到严重影响,内需不足的问题便显得尤为突出。关于总消费过低的问题,国内学者做了许多分析研究,[2]其中一个很重要的原因就是收入差距的恶化导致总消费降低。

收入差距对家庭总消费的影响可以从宏观和微观两种角度来看。从宏观总量的角度看,由于家庭边际消费倾向是递减的,因此当收入差距扩大时,高收入家庭虽然收入较高,但其边际消

---

[1] 前美联储主席伯南克于 2016 年 3 月在一篇讨论中国面临的汇率困境的文章中着重讲了通过扩大政府转移支付增加内需的必要性,详见:China's trilemma—and a possible solution, https://www.brookings.edu/blog/ben-bernanke/2016/03/09/chinas-trilemma-and-a-possible-solution/。

[2] 例如,养老保险对家庭消费的影响(何立新、封进和佐藤宏,2008;白重恩、吴斌珍和金烨,2012;邹红、喻开志和李奥蕾,2013;等),房价对家庭消费的影响(颜色和朱国忠,2013;谢洁玉、吴斌珍、李宏彬和郑思齐,2013;李涛和陈斌开,2014;等)。也有一些学者研究政策对消费的影响,如"新农合""新农保"对农村居民消费的影响(白重恩、李宏彬和吴斌珍,2012;马双、臧文斌和甘犁,2010;丁继红、应美玲和杜在超,2013;蔡伟贤和朱峰,2015;马光荣和周广肃,2014;张川川、John Giles 和赵耀辉,2014)。

费倾向低,低收入家庭虽然边际消费倾向高,但收入低,从而导致总消费降低。从微观家庭的角度看,社会地位寻求理论认为家庭有寻求更高社会地位的动机,当收入差距扩大时,富裕家庭会通过减少消费增加储蓄从而保住社会地位,低收入家庭也会减少消费增加储蓄从而进入更高的社会阶层。但是,收入差距的变动往往伴随着地区平均收入的变动,而根据相对收入假说(Duesenberry, 1949; Carroll, Overland, and Wei, 1997),家庭的消费会受到地区平均收入的影响,如图3.1所示。相对收入假说最早由Duesenberry (1949)提出,Duesenberry将社会心理引入到消费与收入的关系中,研究了消费的示范效应与棘轮效应,其经济学含义是,在短期内,个体的消费会受到经济波动的影响,而在长期内,个体的消费还受到示范效应的影响。其基本思想是,个体在消费中会互相影响,并且互相攀比,是否把收入用于消费不仅仅是由其绝对收入决定,而且还与别人的相对收入水平决定。因此,在研究收入差距对家庭消费的影响时,就需要将相对收入假说纳入分析框架中,这也是本研究的初衷,即通过分析收入差距对消费影响时相对收入假说的重要性,从而达到降低估计偏误,提出更加合适的政策建议的目的。

从理论上看,收入差距与地区平均收入的联动可以概括为以下三种情况:(1)收入差距扩大是由于高收入群体收入相对增加导致,此时收入差距与地区平均收入正相关,而平均收入增加会促进消费,抵消收入差距增加对消费的抑制影响,因此,如果不控制平均收入,则会低估收入差距的影响。(2)收入差距扩大是由于低收入群体收入相对减少导致,此时收入差距与平均收入负相关,而平均收入降低会抑制消费,叠加收入差距增加对消费的抑制影响,因此,如果不控制平均收入,则会高估收入差距的影响。(3)收入差距的变动与平均收入无关,因此是否控制平均收入不影响估计的准确性。也就是说只有在第三种情况时,估计才不会

第三章 相对收入假说下的收入差距对消费的影响

有偏误,由此可见在分析收入差距对消费影响时考虑相对收入假说的重要性。本章即希望利用我国微观调查数据对此进行检验,并探讨以下核心问题:运用相对收入假说是否会影响收入差距对消费的抑制作用?若有影响,该作用有多大?

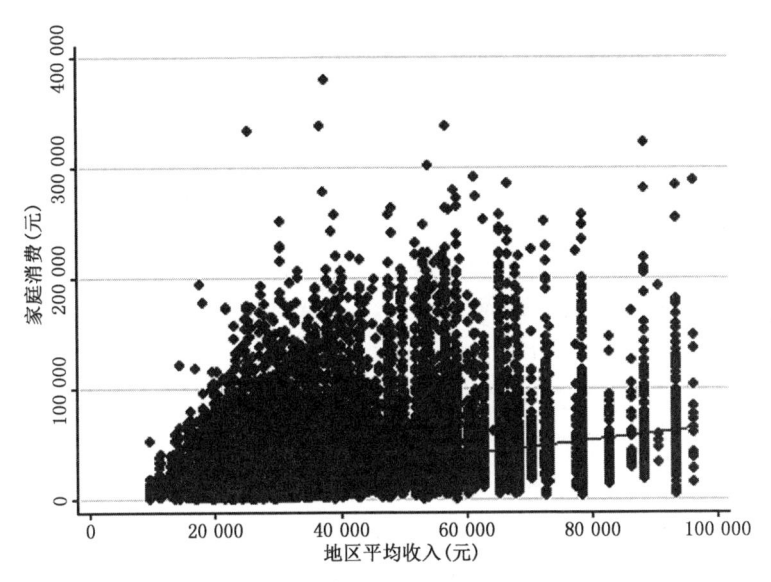

图 3.1 地区平均收入与家庭消费的关系

在本章中,我们利用 2002—2009 年的城镇住户调查数据(Urban Household Survey, UHS),从城市层面构造衡量收入差距的不同指标,在充分考虑城市平均收入的基础上,借助于 UHS 家庭三年一轮换的特点,利用面板固定效应模型,估算收入差距对家庭消费的影响。我们的研究发现,引入地区平均收入确实会降低收入差距的解释能力,但对其他控制变量的解释能力影响甚微。进一步讲,针对不同消费品类型、不同地区经济发展程度,本章继续探讨了这一现象存在的普遍性。依据已有文献(例如,陈建宝和李坤明,2013;李江一和李涵,2016),将消费划分为生存型、享受型和发展型三大类,①我们发现,在控制了相对收入(即地区平均收入)后,收入差距对这三大类消费的抑制作用均有较大幅度减小,尤其是发展型消费。同时,在控制了相对收入后,收入差距在发展程度不同的城市的抑制作用均显著降低,具体表现为其对发达城市的抑制作用最强,对中等发达城市的抑制作用次之,对欠发达城市的抑制作用最弱。

国内学者在分析收入差距对消费的影响时也是主要从宏观与微观两方面展开。由于在构造收入差距变量时需要大样本做支撑,因此很多研究省去了计算这些变量的步骤,直接利用宏观数据或模拟的方法进行分析。例如,王宋涛(2014)通过构建一个包含基尼系数的多变量宏观消费函数模型,发现居民收入比重下降是居民消费下降的主要原因。杨旭、郝翌和于戴圣(2014)通过蒙特卡罗模拟分析了不同程度的收入差距对总体消费的影响,发现随着基尼系数的增加,总消费呈非线性递减的趋势。巩师恩和范从来(2012)利用省级面板,在考虑了信贷约束的情况下,发现不同经济发展水平下收入差距与消费之间的关系并不一致,并指出政府需要采取措施改善收入分配不平等的现状,才能有效地刺激消费。高帆(2014)通过1992—2012年省级面板数据分析了劳动者报酬占比、城乡收入差距和居民消费率三者之间的关系,发现平均消费倾向不仅会随着收入增加而不断下降,而且收入差距变大也会降低平均消费倾向。陈斌开(2012)使用1978—2008省级面板数据分析了城乡收入差距扩大对中国居民消费需求的影响,发现城乡收入差距扩大对居民消费有显著的抑制作用。

近年来,随着家庭调查微观数据的大量应用,越来越多的研

---

① UHS数据对家庭各类消费支出均有详细说明,这里将食品、衣着、居住、交通和通信四项归类为生存型消费,主要用来满足日常生活;家庭设备用品及服务、医疗保健、文化娱乐服务归类为享受型消费,这类支出是生活品质的保证;将教育支出视为发展型消费,即对人力资本的投资。

究者采用微观数据研究收入差距与家庭消费之间的关系。其中,金烨、李宏彬和吴斌珍(2011)的论文就是极具代表性的一篇文献,他们利用 UHS 数据分析了收入差距扩大对消费抑制作用的内因,进而验证了其提出的理论观点,即人们为追求社会地位而储蓄的动机。杭斌和修磊(2016)也从地位寻求的角度出发,利用中国家庭金融调查(China Household Finance Survey, CHFS)数据分析了收入不平等对家庭消费的影响,发现社会地位高的家庭的消费带有炫耀性消费的动机,会显著影响社会地位较低的家庭的消费。杨汝岱和朱诗娥(2007)利用中国居民收入调查(Chinese Household Income Project, CHIPS)1995 年和 2002 年的数据分析了居民边际消费倾向与收入水平之间的关系,发现相对于高收入阶层以及低收入阶层,中等收入阶层的边际消费倾向是最高的。李江一和李涵(2016)利用中国家庭金融调查 2011 年与 2013 年的面板数据,从相对收入的角度研究了城乡收入差距对居民消费的影响,发现城乡收入差距扩大抑制了农村家庭的生存型和享受型消费,促进了其发展型消费,而对城市家庭的消费影响则相反。

以上文献虽然很多借助了相对收入假说的思想,但并没有详细区分收入差距与相对收入假说的交互影响。而随着行为经济学(Behavioral Economics)的发展,越来越多的研究强调相对收入假说的重要性。Drechsel-Grau and Schmid(2014)利用德国的数据,发现比家庭自身收入高的其他家庭的平均消费会显著影响自己的消费水平。Alvarez-Cuadrado and El-Attar Vilalta(2012)利用美国数据,发现收入比自身高的其他家庭的平均消费也会显著提高家庭储蓄。Bertrand and Morse(2016)发现美国中产阶级的消费确实会受到更高收入阶层的影响。Karadja, Mollerstrom, and Seim(2017)利用瑞典的数据发现,相对收入甚至会影响家庭对于再分配的态度,从而可能影响收入差距。

与以上文献相比,本章将相对收入假说的理论引入收入差距对家庭消费的影响中,我们的创新点在于:(1)在基础模型中考虑了相对收入假说,并通过与没有考虑相对收入假说的模型进行对比,强调相对收入假说在分析收入差距对消费影响的重要性。(2)利用微观数据,并采用面板固定效应模型进行估计,可以有效地控制不可观测的个体异质性,降低估计偏误。(3)将代表城市发展程度的宏观数据与微观数据有效匹配,从而分别讨论收入不平等对不同发达程度的城市居民消费影响,并提出更具有针对性的政策建议。

第二节 模型设定和数据处理

一、模型设定

在本节中,我们将使用面板双向固定效应模型,来考察收入差距对家庭消费的影响。家庭消费行为与很多因素都密切相关,其中既包括可以观测到的表示家庭特征的因素,也包括家庭固有的不可观测的因素,如风险偏好、家庭贴现率等。倘若遗漏这些不可观测的因素,则会导致模型的内生性问题,从而使得估计产生偏误。面板固定效应模型的优势在于,可以通过差分的方法控制住与时间无关的不可观测的家庭层面的异质性,从而减少由不可观测因素带来的偏误。基准模型如下:

$$\ln(cons_{it}) = \beta_0 + \beta_1 \times gini_{it} + \beta_2 \times \ln(inc_{it}) + \beta_3 \times \ln(regioninc_{it}) + \beta_4 \times X_{it} + \alpha_i + year_t + u_{it} \qquad (3.1)$$

其中 $cons_{it}$ 表示本章关注的家庭消费支出,i 是个体维度,t 是时间维度,$gini$ 表示基尼系数,是收入差距的衡量指标,inc 表示家庭可支配收入,$regioninc$ 代表家庭所在城市的平均收入,X_{it} 为其他控制变量,包括户主的年龄、年龄的平方、性别、学历水平、婚否、家庭规模、少儿占比、老年人占比以及所在省份的虚拟变量等。此外,我们还控制了年份固定效应 $year_t$、个体固定效应 α_i, u_{it} 是误差项。模型(3.1)中系数 β_1 的值反映了收入差距对家庭消费的影响,是我们感兴趣的参数。根据前面的理论分析,我们预期收入差距对消费是抑制作用,即 $\beta_1<0$;系数 β_2 表示家庭收入对家庭消费的影响,一般而言,家庭收入越高,则消费越高,即 $\beta_2>0$;系数 β_3 度量相对收入对消费的影响,我们采用所在城市平均收入来衡量,其所在城市家庭的平均收入越高,人们的消费能力越强,即 $\beta_3>0$。根据 Chamon and Prasad(2010)的研究,在中国不存在明显的消费习惯形成的证据,因此我们没有考虑人们消费习惯对消费的影响,体现在模型上即没有考虑消费的滞后项对当期消费的影响。目前国内很多学者利用微观数据研究家庭消费行为(金烨等,2011;李江一和李涵,2016;杭斌和修磊,2016)也并未将消费习惯考虑其中。当然,这也与微观数据本身的局限性有关,国内较少有连续的家庭层面的微观面板数据。

我们主要从相对收入的角度考虑收入差距对家庭消费的影响,因此,在实证分析时,同时考虑了不控制相对收入的模型(3.2),并与模型(3.1)的估计结果进行对比分析,模型(3.2)的形式为

$$\ln(cons_{it})=\gamma_0+\gamma_1\times gini_{it}+\gamma_2\times\ln(inc_{it})+\gamma_3\times X_{it}+\alpha_i+year_t+v_{it} \quad (3.2)$$

其中,上式中被解释变量 $cons_{it}$ 和解释变量 $gini_{it}$、inc_{it}、X_{it} 的定义与模型(3.1)中相同,α_i 表示个体固定效应,$year_t$ 表示年份固定效应,v_{it} 是误差项。

二、数据处理

我们使用的数据来自中国国家统计局的城镇住户调查(UHS)

2002—2009年的数据。城镇住户调查采用分层抽样的方式获得样本,包含地级以上的市、县级市等,所有样本每年轮换1/3,每三年全部轮换一次。该数据包含了14个省,分别来自东、中、西三个地区,具有很强的代表性。其中,东部地区包括5个省级行政区,分别是北京、辽宁、江苏、山东、广东;中部地区包括5个省级行政区,分别是山西、安徽、河南、湖北、湖南;西部地区包括4个省级行政区,分别是重庆、四川、云南、甘肃。2002—2009年分别涵盖了168、169、171、172、171、166、173、173个城市(地级以上的市)。

我们主要关心的被解释变量是居民消费。UHS数据在家庭层面非常详细地记录了各类消费情况,包括食品、衣着、居住、交通和通信、家庭设备用品及服务、医疗保健、教育文化娱乐服务、其他商品和服务等八大类消费类型。我们的研究以家庭为单位,采用家庭消费性支出来衡量居民消费,采用数据集中的可支配收入[①]作为家庭收入的衡量标准,并且以2002年为基年,通过各省CPI进行平减。假设家庭的消费决策都由户主决定,因此户主的一些个人信息,包括年龄、性别、教育程度等对家庭的消费支出也有重要的影响。这里,户主的教育程度分为三个水平,分别为初级水平(即初中及以下)、中级水平(高中及中专)和高级水平(大学及以上)。此外,考虑到家庭消费还受到诸如家庭人口结构、户主婚姻状况等其他因素的影响,我们也构造了相应的变量加以控制,如家庭人口结构就包括家庭常住人口数、16岁以下(含16岁)儿童在家庭常住人口中的比例(即少儿占比)、65岁以上(含65岁)老人在家庭常住人口中的比例(即老年人占比)。

在城市层面,对于表示城市收入差距的指标,我们主要采用基尼系数衡量,同时在稳健性检验中采用P50/P10(收入的50分

---

① 家庭可支配收入包括工资性收入、经营性收入、财产性收入和转移性收入。

位数与 10 分位数之比)、P90/P50(收入的 90 分位数与 50 分位数之比)和对数收入方差进行代替，重新估计收入差距对家庭消费的影响。由于我们还研究了收入差距对不同地区家庭消费的影响，因此还引入城市层面的人均 GDP 作为地区发达程度的代理变量。

在实际分析时，参照文献通常做法，我们剔除了户主年龄小于 25 岁或大于 75 岁的家庭；并剔除了一些收入和消费出现异常值的样本，其中包括可支配收入小于 100 元、可支配收入最大的 10 个家庭；消费大于收入的 5 倍，或者消费大于 20 万元而且大于收入 2 倍的家庭；只保留至少有两年观测值的家庭。最终得到 64 033 个家庭，共计 151 921 个非平衡面板数据。表 3.1 和 3.2 分别给出了家庭层面和城市层面回归变量的描述性统计。

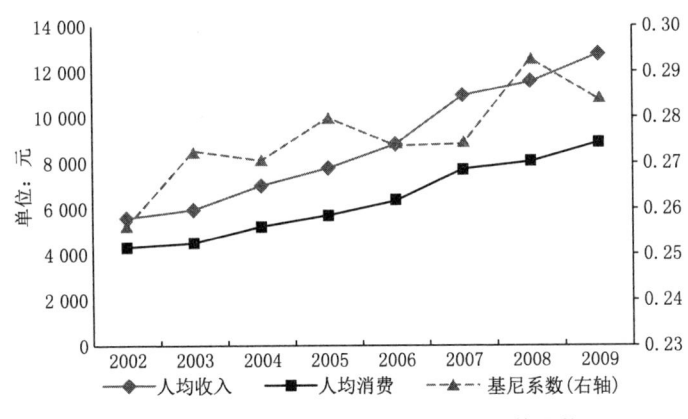

图 3.2 人均收入、消费水平与收入不平等趋势

图 3.2 描述了本章所用的 2002—2009 年城镇住户调查数据中显示的样本人均收入、消费和基尼系数随时间变化的情况。其中，左轴显示的是人均收入和消费，右轴为城市平均基尼系数。可以看出，随着经济的发展，人均收入与消费均呈增长趋势。基

尼系数总体呈上升趋势,并且在 2009 年出现了下降趋势。虽然我们选用的样本为城镇家庭,但这一趋势也与统计局公布的全国基尼系数一致,并且同现有文献相比,本章计算的基尼系数趋势与金烨、李宏彬和吴斌珍(2011)的一致。

表 3.1 家庭层面回归变量描述性统计

变量名	观测值数量	均值	标准差	最小值	最大值
可支配收入	151 921	31 116.08	23 531.92	413.074	465 626.6
家庭消费	151 921	22 613.32	18 285.99	244.363	391 876
生存型消费	151 921	15 729.19	12 854.878	131.372	359 331.3
享受型消费	151 921	4 567.881	6 166.157	2.479	216 761.5
发展型消费	151 921	1 506.138	3 032.979	0	122 876.7
家庭规模	151 921	3.971	0.845	1	10
少儿占比	151 921	0.247	0.170	0	0.8
老年人占比	151 921	0.160	0.211	0	1
年龄	151 921	48.394	11.113	25	75
户主教育水平	151 921	1.968	0.805	1	3
户主婚姻状况	151 921	0.942	0.234	0	1
户主性别	151 921	0.704	0.456	0	1

注:涉及收入与消费的变量单位均为元,家庭规模单位为人。

从表 3.1 中可以看出,家庭消费的平均值为 22 613.32 元,低于家庭可支配收入,占比 72.67%。这也说明家庭的储蓄率非常高(Chamon and Prasad, 2010)。如果将家庭消费简单分为生存型(食品、衣着、居住、交通和通信四项)、享受型(家庭设备用品及服务、医疗保健、文化娱乐服务三项)、发展型(教育支出一项)三大类,则从家庭消费结构来看,生存型消费平均值最大,为 15 729.19 元,占总消费比例约 69.56%;享受型消费次之,为 4 567.881 元,占比 20.20%;发展型消费最低,占比 6.66%。从家庭结构来看,每户平均人口接近 4,家庭的少儿占比为 24.7%,老年人占比低于少儿占比,为16%,反映出样本所在的时间区间内人口老龄化问题尚未严重。从户主情况来看,户主的平均年龄约为48岁,平均受教育水平接近2,即高中或中专学历水平。已婚(已婚,1;未婚,0)比例高达94.2%。户主大部分是男性(男性,1;女性,0),占比为70.4%。

表3.2报告了城市层面的描述性统计。在城市之间的对比上,可以看出,虽然城市间基尼系数的均值较低,但方差较大,表明不同城市间收入差距波动很大,其他收入差距指标也表现出同样的特点。在城市内部收入差距方面,由P90/P50和P50/P10的值可以看出,城市内部中低收入群体间的收入差距要高于中高收入群体间的收入差距。在城市平均收入方面,城市层面的平均收入均值要低于家庭层面的可支配收入均值,表明某些城市的地区平均收入要远远低于全体样本的家庭层面可支配收入,这也说明城市之间的发展极不均衡。

表3.2　城市层面回归变量描述性统计

变量名	观测值数量	均值	标准差	最小值	最大值
基尼系数	1 363	0.276	0.047	0.123	0.540
对数收入方差	1 363	0.292	0.127	0.049	1.773
P90/P50	1 363	1.860	0.259	1.204	3.538
P50/P10	1 363	2.060	0.624	1.200	12.021
城市平均收入(元)	1 363	27 699.09	10 443.98	9 516.355	95 988.23

第三节　实证分析

一、收入差距对家庭消费的影响

在本节中,我们将首先介绍基准模型的估计结论。表3.3的第1列和第2列报告了随机效应模型(RE)的估计结果,第3列和第 4 列报告了固定效应模型(FE)的估计结果,并且每种模型均分为未控制地区平均收入与控制地区平均收入两种情况。

从表 3.3 的结果不难看出,无论是随机效应模型还是固定效应模型,收入差距扩大对家庭消费均具有显著的负向影响,并且在控制了地区平均收入后,基尼系数对家庭消费的抑制作用减弱,即如果不控制地区平均收入,则会显著高估基尼系数对消费的抑制作用,高估程度在随机效应模型情况下高达 17.5%([0.422−0.359]/0.359),在固定效应模型情况下高达 37.5%([0.843−0.613]/0.613)。我们还利用豪斯曼检验(Hausman test)分析了两类模型的适用性,[1]拒绝了随机效应模型假设,因此下面将以固定效应模型的结果为主进行解释分析。

与第 3 列相比,我们在第 4 列中考虑了相对收入假说,控制了地区平均收入。可以看出,地区平均收入确实对家庭消费有显著的正向作用,平均而言,在控制了其他因素的情况下,地区平均收入每升高 1%,家庭消费将提升 0.191%。在控制了地区平均收入之后,基尼系数对消费的抑制效果仍然显著,但其解释能力由−0.843 下降至−0.613,下降了 0.23。也就是说,收入差距每提升 0.1 个单位,同未考虑相对收入假说的情形相比,对家庭消费支出的影响降低 2.3%,这与第一节所述的第二种情形相符,即收入差距与地区平均收入负相关,若不控制地区平均收入,则会明显高估收入差距对消费的抑制作用。通过对比第 3 列与第 4 列的其他解释变量的估计值还可以看出,是否控制平均收入并不会影响到其他变量的解释能力,这更印证了我们之前的讨论,即地区平均收入的变动仅会影响收入差距的解释能力。我们将会在后续章节具体讨论其作用机制和原因。

---

[1] 我们利用 Hausman test 得到的 F 统计量为 145.57,显著拒绝了原假设,说明随机效应模型的假设条件不满足,也就是说不可观测的固定效应与模型中其他解释变量存在相关关系。

接下来,我们以第 4 列为例详细解释其他变量的影响。家庭可支配收入对消费有显著正向影响,而且即使我们考虑了地区平均收入的影响,家庭收入的影响并没有明显削弱。平均而言,在控制了其他影响因素的前提下,家庭收入每提高 0.1 个单位,消费提高 7.13%。户主年龄与消费呈倒"U"形关系,但并不显著,这也与个体的消费曲线趋势一致。家庭人口规模与家庭消费呈现显著的正向关系,意味着家庭中人数越多,消费开支越大。从家庭内部结构来看,家中孩子的比例与家庭的消费呈现正向关系,但并没有显著的影响;老年人占比则与家庭的消费呈现负向关系,虽然老年人增多意味着可能的医疗支出增多,但同时意味着在食品、衣着以及交通通信等其他方面的支出减少,因此导致结果不显著(李涛和陈斌开,2014)。在固定效应模型中,户主的性别和教育程度均不随时间变化,因此无法估计出其量化影响,这里我们以随机变量模型的结果为准。户主为男性的家庭显著低于户主为女性的家庭,反映了消费在性别上的差异。在教育方面,相对于户主教育等级在小学的家庭,随着教育等级的提高,家庭对未来收入的预期也就越高,家庭的永久性收入也在增加,因此家庭的消费也增大。

表 3.3 收入差距对家庭消费的影响

	\multicolumn{4}{c}{被解释变量:Ln(家庭消费)}
	(1)RE	(2) RE	(3)FE	(4) FE
基尼系数	−0.422***	−0.359***	−0.843***	−0.613***
	(0.030)	(0.030)	(0.046)	(0.050)
Ln(城市平均收入)		0.246***		0.191***
		(0.007)		(0.022)
Ln(可支配收入)	0.747***	0.725***	0.717***	0.713***
	(0.003)	(0.003)	(0.006)	(0.006)

(续表)

	被解释变量:Ln(家庭消费)			
	(1)RE	(2)RE	(3)FE	(4)FE
男性	−0.015***	−0.013***	—	—
	(0.003)	(0.003)		
年龄	0.004***	0.004***	0.003	0.003
	(0.001)	(0.001)	(0.004)	(0.004)
年龄的平方/1000	−0.064***	−0.063***	−0.044	−0.046
	(0.011)	(0.011)	(0.038)	(0.038)
已婚	−0.005	0.003	−0.001	−0.000
	(0.006)	(0.006)	(0.021)	(0.021)
少儿占比	0.055***	0.056***	0.022	0.021
	(0.011)	(0.011)	(0.021)	(0.021)
老年人占比	0.008	0.007	−0.005	−0.007
	(0.010)	(0.010)	(0.021)	(0.021)
家庭规模	0.034***	0.037***	0.039***	0.039***
	(0.002)	(0.002)	(0.003)	(0.003)
高中及中专	0.031***	0.033***	—	—
	(0.003)	(0.003)		
大学及以上	0.050***	0.057***	—	—
	(0.004)	(0.004)		
家庭固定效应	√	√	√	√
年份固定效应	√	√	√	√
N	151 921	151 921	151 921	151 921
Within-R^2	0.381	0.383	0.382	0.383
Between-R^2	0.733	0.738	0.715	0.724
Overall-R^2	0.678	0.683	0.662	0.671

注:括号内为标准误;符号 *、**、*** 分别指在 10%、5%和 1%的显著性水平上显著;常数项估计省略。

二、 收入差距对居民家庭消费结构的影响

在上一节中,我们验证了在估计收入差距对家庭总消费抑制作用时,引入相对收入假说的重要性。那么一个很自然的问题是这一结论是否对各分项消费仍然成立。因此,在本节中,我们利用家庭分项消费,继续讨论相对收入假说在估计收入差距对家庭消费抑制作用时的重要性。

由表 3.4 可看出,①收入差距对生存型(食品、衣着、居住、交通和通信)、享受型(家庭设备用品及服务、医疗保健、文化娱乐服务)、发展型(教育支出)消费均具有显著的负向影响,而且在控制了地区平均收入之后,收入差距对这三大类消费的抑制作用均有较为显著的降低。具体而言,在不考虑相对收入假说的情况下,保持其他因素不变,收入差距每提高 0.1 个单位,家庭生存型消费支出减少 9.26%,享受型消费减少 8.95%,发展型消费减少 8.78%,且均在 1% 的水平上显著。但如果考虑相对收入假说,保持其他因素不变,收入差距每提高 0.1 个单位,家庭生存型消费支出减少 6.46%,享受型消费减少 5.92%,发展型消费减少 5.74%,且仅有对生存型和享受型消费的影响在 1% 水平上显著,对发展型消费的影响不再显著。

这一结果表明,在考虑了相对收入假说的影响下,收入差距扩大会显著挤出家庭在生存型和享受型方面的消费支出,但对发展型消费支出几乎没有挤出,即对教育支出的负向影响较弱。其实这一结果并不难理解:根据金烨等(2011)基于追求社会地位的储蓄动机的研究,教育水平是一个被广泛认同的衡量社会地位的指标,为了保证将来子女有较高的社会地位,各个家庭都会对其

---

① 限于篇幅的限制,之后的回归表格只报告关心解释变量的估计系数,不列出所有控制变量的结果。若对其他估计结果感兴趣,可联系作者索取。

进行大量投资。当收入差距扩大时,低收入的家庭为了追赶高收入水平的家庭,会增加人力资本投资;而处于高收入的家庭为了维护自己的社会地位,亦会加大发展型消费的投资。

表3.4 收入差距对家庭消费结构的影响

	被解释变量					
	Ln(生存型消费)		Ln(享受型消费)		Ln(发展型消费)	
基尼系数	−0.926***	−0.646***	−0.895***	−0.592***	−0.878***	−0.574
	(0.044)	(0.048)	(0.115)	(0.132)	(0.301)	(0.361)
Ln(城市平均收入)		0.233***		0.252***		0.252
		(0.020)		(0.060)		(0.161)
Ln(可支配收入)	0.651***	0.646***	1.003***	0.997***	0.842***	0.836***
	(0.006)	(0.006)	(0.013)	(0.013)	(0.032)	(0.032)
控制变量	√	√	√	√	√	√
家庭固定效应	√	√	√	√	√	√
年份固定效应	√	√	√	√	√	√
N	151 921	151 921	151 921	151 921	151 921	151 921
Within-R^2	0.377	0.378	0.131	0.132	0.048	0.048
Between-R^2	0.680	0.689	0.428	0.431	0.290	0.288
Overall-R^2	0.632	0.640	0.362	0.366	0.244	0.243

注:括号内为标准误;符号*、**、***分别指在10%、5%和1%的显著性水平上显著;控制变量同表3.3。

从相对收入假说对消费的影响来看,家庭所在城市的平均收入对生存型和享受型消费均有着显著的正向影响,但对于发展型消费的影响系数虽然为正,却并不显著,这也与教育支出本身的性质有关。与其他两大类支出不同,教育支出具有"消费"和"投资"双重属性,因此与邻居的相互攀比性可能弱一些。而在家庭可支配收入方面,可支配收入的增加对三大类消费均有显著的促进作用,特别是享受型消费。具体表现为,家庭可支配收入每升高1%,在控制了其他影响因素的情况下,则发展型消费提高0.836%,享受型消费提高0.997%,生存型消费提高0.646%,产生这一结果的原因是享受型消费中包含奢侈品和耐用品,因此其收入弹性最高(Browning, Crossley, and Winter, 2014)。这也说明从整体上而言,家庭对享受型消费的偏好要更强一些。

三、收入差距对不同发展程度的城市中家庭消费的影响

通过之前的分析,我们发现,相对收入假说的引入会显著降低收入差距对家庭消费的挤出效果,那么这一结论在不同的发展阶段是否不同呢?在本部分,我们通过将城市按发展状况分为不同的组群,分别来验证这一结论是否成立。由于人均GDP可以从一定程度上代表城市的发展程度,因此我们首先将各个城市的人均GDP数据与家庭层面的微观数据进行匹配,按照各个城市每年的人均GDP水平从低到高分为三个组,分别定义为欠发达城市组群、中等发达城市组群和发达城市组群,并对三个组的样本分别讨论收入差距对家庭消费的影响。

由表3.5可以看出,收入差距扩大对处于不同发展程度的家庭均是负向影响,且在考虑了相对收入假说之后,收入差距对家庭消费的抑制作用均显著降低,这与前面的结论相一致。具体来看,我们发现以基尼系数衡量的收入不平等对发达城市组的抑制作用最大,对中等发达城市组抑制作用稍弱,对欠发达城市组的影响最弱,这与韩立岩和杜春越(2012)等的结论一致。他们按照地域将城市分为东、中、西三组,采用泰尔指数作为收入差距的代理变量,发现东部地区收入差距扩大对消费的抑制作用最强,中部次之,西部最弱。虽然他们并没有对城市的发展程度进行区分,但一般而言,东部代表发达地区,中、西部发达程度则相对弱,因此得到的结论本质上与我们的结论是一致的。

表 3.5　收入差距对不同发展程度的城市中家庭消费的影响

	被解释变量:Ln(家庭消费)					
	欠发达城市		中等发达城市		发达城市	
基尼系数	−0.328***	−0.025	−0.225**	−0.190*	−0.585***	−0.262**
	(0.072)	(0.085)	(0.099)	(0.100)	(0.101)	(0.107)
Ln(城市平均收入)		0.222***		0.156***		0.389***
		(0.034)		(0.049)		(0.062)
Ln(可支配收入)	0.710***	0.704***	0.599***	0.597***	0.707***	0.701***
	(0.011)	(0.011)	(0.012)	(0.012)	(0.010)	(0.010)
控制变量	√	√	√	√	√	√
家庭固定效应	√	√	√	√	√	√
年份固定效应	√	√	√	√	√	√
N	46 066	46 066	46 069	46 069	47 468	47 468
Within-R^2	0.376	0.377	0.249	0.249	0.357	0.359
Between-R^2	0.664	0.664	0.638	0.639	0.698	0.695
Overall-R^2	0.620	0.620	0.584	0.583	0.644	0.642

注:括号内为标准误;符号*、**、***分别指在10%、5%和1%的显著性水平上显著;控制变量同表3.3。

还可以看出,在欠发达城市的组别中,在考虑了相对收入之后,收入差距每提高0.1个单位,其对家庭消费支出的抑制作用由3.28%降低到0.25%,下降了3%左右,并且也变得不显著,这可能是由于地区发展程度较低,整体的消费能力较弱,因此在控制了代表地区发达水平的变量之后,收入差距对消费支出的解释能力被大大削弱了,这说明在欠发达地区,提高总体收入水平可以显著增加家庭消费,而收入差距扩大对消费的抑制作用有限。同时,在中等发达地区,考虑了相对收入之后,收入差距对消费支出的解释能力变化不大,说明收入差距对消费的抑制作用比较稳健。从地区平均收入来看,家庭所在城市的平均水平对其消费的影响均显著为正,而且发达城市的影响作用最高,中等发达城市的影响作用最低,相对收入假说对于发达城市存在着非线性关系。

同以往的文献通常考虑收入差距对不同收入群体的影响不同,本章则从宏观层面,即城市的发达水平入手,研究收入差距在处于不同发展阶段城市的异质性影响。由于我国的很多财政政策是在省市层面进行,因此,相比于针对不同收入群体的研究,本部分的研究更加具有政策含义。即对于欠发达地区,应该以增加地区收入为主,在这一过程中,即使收入差距略有恶化也问题不大。而对于发达城市,在增加地区收入的同时,还要注意改善收入分配,降低城市内部收入不平等。

四、影响机制分析

以上的分析发现,不论是对于不同分项消费,还是对处于不同发展阶段的地区,考虑相对收入假说会显著降低收入差距对消费的抑制作用。通过第一节的介绍,可以看出,产生这一结果的原因可能是收入差距与地区平均收入负相关。因此,在这一部分,我们就通过构造城市面板固定效应模型,分析产生这一结果的影响机制。考虑如下模型:

$$Ln(regioninc_{jt}) = \lambda_0 + \lambda_1 gini_{jt} + \alpha_j + year_t + \varepsilon_{jt} \quad (4.3)$$

其中,$regioninc_{jt}$表示城市j在t年的平均收入,$gini_{jt}$的定义与模型(3.1)中相同,为了验证结果的稳健性,我们还选择了其他衡量城市收入不平等的指标(P90/P50、P50/P10和对数收入方差)进行替代回归,α_j表示城市的固定效应,$year_t$表示年份固定效应,ε_{jt}表示误差项。

从表3.6的结果不难看出,收入差距对地区平均收入确实是显著的负向影响,即在考虑了城市的异质性之后,收入差距越大,城市的平均收入越低。具体而言,基尼系数每提高0.1个单位,地区平均收入降低5.91%。因此,如果不控制地区平均收入,则收入差距对相对收入的负向影响便会叠加到其对消费的影响中,进而高估收入不平等对消费的抑制作用。代表收入差距的另外三个指标 P90/P50、P50/P10 以及对数收入方差与地区平均收入的负向关系也非常显著,这也从另一侧面体现了结果的稳健性。

表 3.6 收入差距对相对收入的影响

	被解释变量:Ln(地区平均收入)			
	(1)	(2)	(3)	(4)
基尼系数	−0.591***			
	(0.149)			
P90/P50		−0.075***		
		(0.020)		
P50/P10			−0.049***	
			(0.006)	
对数收入方差				−0.296***
				(0.032)
年份固定效应	√	√	√	√
城市固定效应	√	√	√	√
N	1 363	1 363	1 363	1 363
Within-R^2	0.862	0.859	0.873	0.876
Between-R^2	0.010	0.016	0.019	0.008
Overall-R^2	0.298	0.305	0.318	0.302

注:括号内为标准误;符号 *、**、*** 分别指在 10%、5% 和 1% 的显著性水平上显著。

同时,由 P90/P50 和 P50/P10 的系数可以看出,相比于低收入群体(收入的 50 分位数以下)内部的收入差距(P50/P10)与地区平均收入之间的关系,高收入群体(收入的 90 分位数以上)与低收入群体之间的收入差距(P90/P50)与地区平均收入之间的关系要强得多(0.075>0.049),这也表明收入差距的增加确实是低收入群体收入相对减少所致。因为只有这种情形下,低收入群体普遍收入相对减少,从而导致低收入群体内部收入差距增加较少,而由于低收入群体的收入相对减少,从而高收入群体与低收入群体之间的收入差距增加较多,导致其与地区平均收入之间的关系要更强一些。

第四节 稳健性检验

一、采用其他表示收入差距指标替代基尼系数

在前面的分析中,我们均采用的基尼系数作为收入差距的指标,因此,在本部分,我们将使用其他常用的衡量收入差距的指标(P90/P50、P50/P10 和对数收入方差)验证基准结果的稳健性。[①]

表 3.7 稳健性检验 1(P90/P50, P50/P10,对数收入方差分别替代基尼系数)

	被解释变量:Ln(家庭消费)					
	(1)	(2)	(3)	(4)	(5)	(6)
P90/P50	−0.118***	−0.075***				
	(0.008)	(0.008)				
P50/P10			−0.030***	−0.022***		
			(0.002)	(0.002)		
对数收入方差					−0.191***	−0.159***
					(0.010)	(0.012)
Ln(城市平均收入)		0.272***		0.162***		0.111***
		(0.021)		(0.024)		(0.024)

---

① 此处由于篇幅所限,我们只报告了利用其他收入差距指标对基准模型的稳健性检验,对于其他结果的稳健性检验,结论同之前一致,若对结果感兴趣,可以向作者索取。

(续表)

	被解释变量:Ln(家庭消费)					
	(1)	(2)	(3)	(4)	(5)	(6)
Ln(可支配收入)	0.724***	0.715***	0.716***	0.713***	0.713***	0.711***
	(0.006)	(0.006)	(0.006)	(0.006)	(0.006)	(0.006)
控制变量	√	√	√	√	√	√
家庭固定效应	√	√	√	√	√	√
年份固定效应	√	√	√	√	√	√
N	151 921	151 921	151 921	151 921	151 921	151 921
Within-R^2	0.381	0.382	0.382	0.383	0.383	0.383
Between-R^2	0.717	0.723	0.720	0.725	0.718	0.724
Overall-R^2	0.664	0.670	0.666	0.672	0.664	0.670

注:括号内为标准误;符号 *、**、*** 分别指在 10%、5% 和 1% 的显著性水平上显著;控制变量同表 3.3。

表 3.7 报告了主要结果,第 1 列和第 2 列是将基尼系数替代为 P90/P50 的回归结果;第 3 列和第 4 列是将基尼系数替代为 P50/P10 的回归结果;第 5 列和第 6 列是将基尼系数替代为对数收入方差的回归结果。从表 3.7 可以看出,基本结论与基尼系数的回归结果一致。以 P90/P50 的结果为例,在控制了地区平均收入之后,收入差距每提高 0.1 个单位,其对家庭消费的影响较之前降低 0.43%(1.18%—0.75%),即如果不控制相对收入假说,收入差距对消费的影响被高估超过 50%[(0.118—0.075)/0.075]。我们发现与表 3.3 中基尼系数对家庭消费的影响相比,P90/P50 前面的系数绝对值小很多,这是由于 P90/P50 的值的大小要高于基尼系数的大小(如描述性统计表 3.2 所示,基尼系数的平均值为 0.276,远小于 P90/50 的平均值 1.860),这也与金烨等(2011)的结果一致。地区平均收入与家庭可支配收入对家庭消费的影响与表 3.3 类似。例如,表 3.3 中二者前面的系数分别为 0.191 和

0.713,表 3.7 中二者前面的系数分别为 0.272 和 0.715,没有显著性差异。其他表示家庭特征的解释变量与表 3.3 也基本类似。其他指标的回归结果,如第 3—6 列所示,也与采用基尼系数的回归结果类似。

二、采用家庭人均消费和平均消费倾向(APC)替代家庭总消费

以上的分析均是采用家庭总消费作为被解释变量,为了检验结果的稳健性,我们还考察了家庭人均消费和平均消费倾向作为被解释变量的估计结果。为了更精确地计算家庭人均消费,在计算家庭人口数时,参照文献的通常做法,采用有效人口的计算方式,规定家庭中一个成年人的比重是 1,其他成年比重为 0.7,孩子的比重为 0.5(Atkinson, Rainwater, and Smeeding, 1995;王湘红和陈坚,2016)。家庭人均消费的定义即为总消费与家庭人口数之比,并且相应地将解释变量中的"家庭可支配收入"换算为"人均可支配收入"。由于被解释变量已换算成为人均消费,因此在模型估计时,为了避免共线性,不再控制家庭人口数。结果如表 3.8 中第 1 和第 2 列所示。

家庭总消费或人均消费衡量的都是家庭绝对消费,我们还进一步考察了收入差距对家庭平均消费倾向的影响,将模型(3.1)做简单变化如下:

$$APC_{it} = \theta_0 + \theta_1 \times gini_{it} + \theta_2 \times \ln(inc_{it}) + \theta_3 \times \ln(regioninc_{it}) + \theta_4 \times X_{it} + \alpha_i + year_t + \xi_{it} \quad (3.4)$$

这里 $APC = cons/inc$,表示家庭的平均消费倾向,模型中其他解释变量的定义与(3.1)中相同。估计结果见表 3.8 中第 3 和第 4 列。

从表 3.8 中可以看出,收入差距对人均消费和平均消费倾向

的影响均显著为负,而且在控制了相对收入之后,收入差距对这二者的影响均有显著的降低,即不控制地区平均收入,将会高估收入差距对消费的影响,并且高估的比例均超过了30%,这与使用家庭总消费时的结论一致。并且从第3和第4列可支配收入的回归系数为负可以看出,收入高的家庭的平均消费倾向要低于收入低的家庭,这也是中国的"富人储蓄多的现象"(Dynan, Skinner, and Zeldes, 2004)。

表 3.8 稳健性检验 2(采用人均消费或 APC 作为被解释变量)

	被解释变量			
	Ln(人均消费)		APC	
	(1)	(2)	(3)	(4)
基尼系数	−0.830***	−0.593***	−0.570***	−0.370***
	(0.045)	(0.050)	(0.038)	(0.042)
Log(城市平均收入)		0.196***		0.166***
		(0.022)		(0.019)
Log(人均可支配收入)	0.715***	0.711***		
	(0.006)	(0.006)		
Log(可支配收入)			−0.206***	−0.210***
			(0.005)	(0.005)
家庭人数			0.023***	0.023***
			(0.003)	(0.003)
控制变量	√	√	√	√
家庭固定效应	√	√	√	√
年份固定效应	√	√	√	√
N	151 949	151 949	151 949	151 949
Within-R^2	0.384	0.385	0.051	0.052
Between-R^2	0.696	0.705	0.101	0.123
Overall-R^2	0.644	0.653	0.081	0.098

注:括号内为标准误;符号 *、**、*** 分别指在10%、5%和1%的显著性水平上显著;控制变量同表3.3。

三、其他稳健性检验

为了进一步验证结果的稳健性,本章还做了多种其他稳健性检验,如使用区县的基尼系数代替城市基尼系数用以验证地域范围选取的稳健性;去掉户主年龄在 55 岁以上的家庭用以验证样本选取规则的稳健性等,表 3.9 报告了主要回归结果。

表 3.9 稳健性检验:其他

被解释变量	Ln(家庭消费)			
	使用区县基尼系数		户主年龄在 25—55 岁之间的样本	
基尼系数	−0.653***	−0.454***	−0.817***	−0.545***
	(0.039)	(0.042)	(0.055)	(0.059)
Ln(区县平均收入)		0.202***		
		(0.018)		
Ln(城市平均收入)				0.234***
				(0.025)
Ln(可支配收入)	0.721***	0.713***	0.700***	0.694***
	(0.006)	(0.006)	(0.007)	(0.007)
控制变量	√	√	√	√
家庭固定效应	√	√	√	√
年份固定效应	√	√	√	√
N	151 903	151 903	114 891	114 891
Within-R^2	0.381	0.383	0.367	0.368
Between-R^2	0.715	0.724	0.721	0.731
Overall-R^2	0.662	0.671	0.665	0.675

注:括号内为标准误;符号 *、**、*** 分别指在 10%、5% 和 1% 的显著性水平上显著;控制变量同表 3.3。

从表 3.9 可以看出,无论是使用区县基尼系数抑或是改变样本选取原则,结论均与基准模型相一致。即在控制了相对收入之后,收入差距对家庭消费的解释能力明显减弱,并且降低幅度也与之前的分析一致,所有这些结果都验证了结果的稳健性。特别是采用区县平均收入代替城市平均收入的结果中,区县平均收入对家庭的影响要大于城市平均收入的影响(0.202＞0.191),但基尼系数对消费的抑制作用却降低(－0.454＜－0.613),这一结果也表明在地域层面,地域范围越小,相对收入的影响越大,而地位寻求理论的影响越小,这也被称为"跟上你的邻居"效应。

本 章 小 结

中共十九大报告中,习近平总书记指出,"我国社会主要矛盾已经转化为人民日益增长的美好生活需要和不平衡不充分的发展之间的矛盾",并针对我国收入分配制度提出"扩大中等收入群体收入,增加低收入者收入,调节过高收入",旨在缩小我国的收入差距,可见我国的收入差距问题已经引起了国家政府部门的相当重视。当然,收入差距扩大也一直是学术界和社会关心的重要话题。特别是托马斯-皮克迪(Thomas Piketty)出版《二十一世纪资本论》(*Capital in the Twenty-First Century*)以来,不平等的话题成为全世界讨论的热点。在这些讨论中,收入差距扩大对消费的抑制作用对于一直以来消费低迷的中国显得尤为重要。但是,如果要准确度量这一抑制作用,就需要将相对收入假说纳入考虑范围之中,这是因为收入差距的变动往往伴随着地区平均收入的变动,而地区平均收入会对家庭消费产生影响。

本章即秉承这样的指导思想,基于详实的微观家庭调查数据,在尽量控制了家庭不可观测因素影响的前提下,分多种情况,估算了收入差距对家庭消费的影响作用。我们的研究发现,如果不考虑城市平均收入,则收入差距(体现为收入基尼系数)每增加0.1个单位,则家庭消费降低8.43%;而在考虑城市平均收入的情

第三章 相对收入假说下的收入差距对消费的影响

况下,则收入差距(体现为收入基尼系数)每增加0.1个单位,则家庭消费仅降低6.13%,二者之间相差2.3%。并且无论是从家庭消费结构层面,还是地区发展程度层面,这一结果均非常稳健。文中进一步对其影响机制进行了分析,结果发现在我国收入差距与地区平均收入之间的关系更倾向于本章第一节描述的情形,即收入差距与平均收入是负相关的。因此,在考虑了城市异质性的情况下,由于地区收入差距与地区平均收入负相关,则在控制了相对收入的情况下,虽然收入差距对家庭消费仍然存在显著的抑制作用,但相较于不控制相对收入的情况,该抑制作用明显有所下降。也就是说,如果不考虑相对收入对家庭消费的影响,则会显著高估收入差距对家庭消费的抑制作用。

本章的结果也具有重要的政策含义。首先,关于收入差距对居民消费的影响,除了应当考虑当前研究所涉及的收入不平等、户籍因素、城乡因素等之外,地区之间的发展水平也不可忽略。由于相对收入假说的成立,居民的消费不只与其家庭的绝对收入相关,更与其所处城市的发展程度密切相关。因此,不同发展水平的城市之间居民的消费水平存在明显差距是一种正常的社会现象。其次,对于处在欠发达地区的居民,其自身收入和所处城市收入都很低,这无疑会大大抑制当地居民的消费水平,不利于该地经济的发展,政府在制定相关政策时在这些地区应当推出更多惠民政策,优化收入分配制度,提高欠发达地区的发展,缩小我国地区之间的收入差距。最后,城市收入差距的扩大,使得欠发达地区为了追赶发达地区而增加人力资本(这里特指教育投资),同时相应缩减了衣、食、住、行等其他消费品的支出,不利于我国整体消费水平的提高,政府在不同地区进行教育投入时应当有所倾斜,这也有助于我国消费结构的转型升级。

基于本章的研究,我们认为政府对提升居民消费的途径可以从以下几方面进行调整:

首先,收入差距对消费的抑制作用具有很强的地区异质性,因此在缓解收入不平等对消费的抑制作用时,针对不同的地区应采取不同的应对政策。具体而言,对于发达地区,为减小收入差距,一方面,政府可以通过转移支付的手段达到调整收入再分配的目的;另一方面,政府可以提供职业培训机会,提高底层群体的就业与收入。对于欠发达地区,可以通过产业转移等手段加快区域产业结构调整,促进产业转型升级,发挥其比较优势,进而提高整个地区的经济增长水平。

其次,由于收入差距的扩大会使得收入低的家庭增加人力资本投入,但为此他们需要缩减生存型和享受型消费的支出,使得消费不平等扩大,因此,政策应增加对收入较低家庭的教育补助来缓解收入差距的扩大对生存型和享受型消费的挤出,这同时也有助于减少中国的收入差距,可以产生双方面的效果。

最后,由于地区平均收入的提高会减弱因收入差距扩大带来的对消费的抑制作用,因此,对于一些特别贫困的地区,要优化整合扶贫资源,实行精准扶贫,大幅提高贫困线下人员的收入水平,降低地区收入差距,促进贫困地区经济发展,达到"一石多鸟"的效果。在具体操作时,可以一方面完善地区基础设施和公共服务,加强医疗和养老等各项社会保障制度的建设;另一方面,通过加快对贫困地区的区域性开发来促进扶贫。同时,可以鼓励发达地区对贫困地区实行一对一支援,达到定点扶贫的目的。

第四章

收入差距对消费升级的影响

第一节 引　　言

经过几十年的快速发展,我国经济增长模式已经由投资拉动型转向消费驱动型,消费在国民经济中的作用变得越来越重要,李克强总理曾在2019年的中央工作会议中就指出"要以改善民生为导向培育新的消费热点和投资增长点"。然而,居民消费增长严重不足、消费不振的问题一直困扰着我国经济,并且在消费总体低迷的情况下,关于消费到底是在"升级"还是"降级"的争论持续不断。而最近新冠肺炎疫情的暴发,直接导致了劳动力市场的震荡,导致消费数据断崖式下滑,部分群体甚至出现了暂时的消费降级现象。目前,虽然随着复工复产的顺利进展,我国经济正在加快恢复中,但如何将被抑制、被冻结的消费释放出来,把在疫情中受到抑制的升级型消费培育起来,仍然是中国经济面临的重要挑战。

居民消费结构的分化从一定程度上也体现出高低收入阶层的分化和收入差距的扩大。习近平总书记在中共十九大报告中指出,"我国社会主要矛盾已经转化为人民日益增长的美好生活需要和不平衡不充分的发展之间的矛盾",而不平衡不充分的主要表现之一就是收入差距的恶化。新冠肺炎疫情的暴发使得依赖劳动收入的家庭收入出现不同程度的下降,而依赖财产性收入的家庭收入却相对受到较小的影响,这可能导致收入差距进一步增大。在此背景下,中国消费升级速度是否会受到延滞?收入差距在其中起到何种作用？对这些问题的回答在总体消费下滑甚至部分群体出现消费降级的大背景下具有重要的现实意义,本章将针对这些问题展开研究。

理论上看收入差距扩大往往直接伴随着消费升级现象。如果高收入群体消费种类更多是消费升级项目,同时收入差距的扩大体现为高收入群体的收入相对增加,则二者结合就从宏观上体现为消费升级现象。特别是最近一段时间,伴随着房地产市场的爆发,通过房地产获得的回报率增速远远超过了劳动回报率的增速,而房价的高速增长催生了大量高收入群体,这部分人群的"消费升级"成为消费领域的热点词。此外,根据相对收入假说,人们在消费中会互相影响,并且互相攀比,低收入群体的消费有向高收入群体看齐的现象(Bertrand and Morse, 2016;纪园园和宁磊,2018),此时,收入差距的扩大可能会增加低收入群体的消费,如果其中涉及消费升级的项目,则同样会在宏观上体现为消费升级。

但是,收入差距的扩大还会挤出居民消费(金烨、李宏彬和吴斌珍,2011;陈斌开,2012;高帆,2014),可能减缓消费升级进程。一方面,根据社会地位寻求理论,家庭有寻求更高社会地位的动机,当收入差距扩大时,高收入群体为了保住社会地位会减少消费增加储蓄,低收入群体也会减少消费增加储蓄从而进入更高的社会阶层(金烨、李宏彬和吴斌珍,2011),因此收入差距的扩大可能抑制总体群体的消费升级;另一方面,如果收入差距扩大是由低收入者收入增速相对较低导致,则低收入群体不但不会消费升级,反而可能会消费降级。

虽然从理论上看收入差距扩大对消费升级可能会有两种影响,但从数据中却可以看出二者之间是呈现显著负相关关系的。如图4.1所示,收入差距(这里采用基尼系数衡量)与消费升级[1]之间是负相关的,说明收入差距的负向影响占据了主导地位。但

---

[1] 我们会在数据部分详细描述关于消费升级变量的构造过程。

第四章 收入差距对消费升级的影响

这种负向关系也可能是由于二者之间均受到区域性冲击等造成的,而不是真正意义上的相关性。即当一个地区面临区域性异质性冲击时,在导致收入差距扩大的同时,消费升级进程放缓,并且二者之间的关系也可能是其他变量的影响,而不仅仅是简单的相关关系。因此在分析时,不但需要控制地区以及时间固定效应,而且还要控制其他可能对消费升级产生影响的变量。

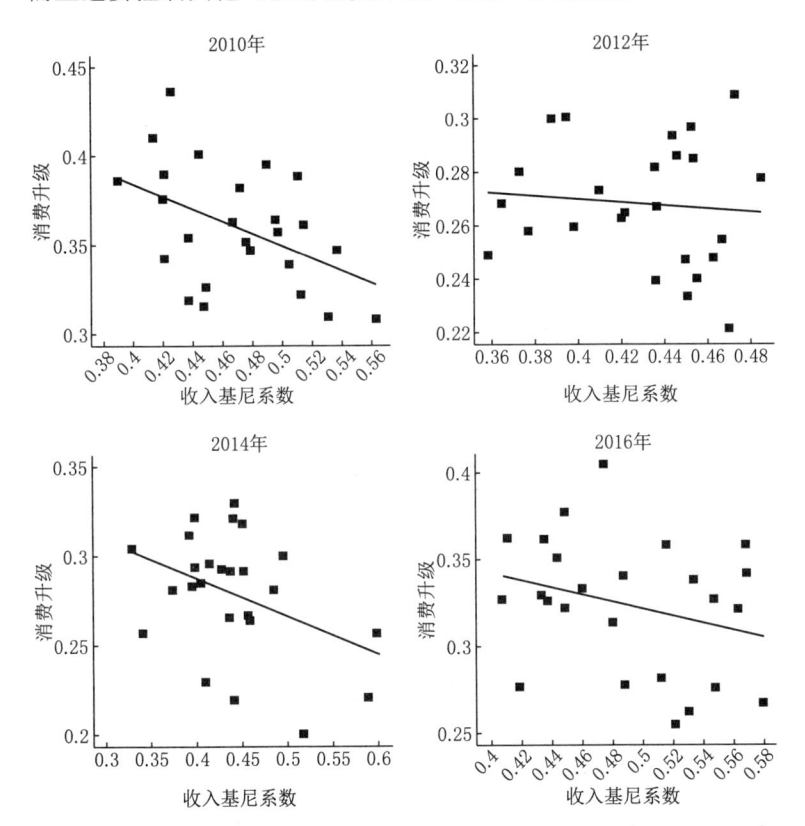

图 4.1 2010—2016 年收入差距(这里采用基尼系数)与消费升级的关系①

---

① 图中给出的是宏观层面上消费升级与收入差距之间的关系,即采用居住在省份内所有家庭的消费升级水平做平均,研究其平均值与省级层面收入差距之间的关系。

本章的主要贡献在以下三个方面:(1)本章研究了收入差距对消费升级的影响,并进一步分析了其影响机制,突破了以往文献多注重收入差距对消费总量影响的局限,扩展了收入差距对消费影响的研究范畴;(2)本章采用了以往文献不多见的基于区域发展的角度,分析了收入差距对东部、中部、西部地区的影响,发现收入差距对消费升级的影响存在明显的区域差异性,收入差距对消费升级的影响效应与区域的发展阶段之间呈现倒"U"形关系;(3)本章实证研究采用微观调查数据构造相应变量,相比宏观层面的数据,其更具有代表性,估计时可控制个体异质性冲击,有效避免个体异质性引起的内生性问题,提升了估计的精度。

第二节　文　献　综　述

现有文献关于收入差距对消费影响的研究主要围绕两个角度展开,一是宏观上基于异质性边际消费倾向会引起总消费变动的理论假说,二是微观上基于相对收入假说的"跟上你的邻居"的理论假说。边际消费倾向理论认为,收入差距对总消费的影响主要源于边际消费倾向的异质性,一般而言,由于边际消费倾向随收入递减,富人的边际消费倾向比穷人要低。如果发生收入分布由穷人向富人倾斜,即收入差距扩大,那么总消费就会降低,国外很多研究都是从这个角度展开。例如,Musgrove(2005)发现在高收入国家,收入差距对消费有显著的影响,但是在低收入国家并没有显著影响。Koo和Song(2015)利用48个国家的1991—2010年的面板数据,发现收入差距显著降低了居民消费,并且这种负向关系在经济发达、富裕的国家更为明显。Coibion等(2014)分析了金融危机前收入差距扩大对家庭借贷和消费的影响。Summer(2015)与Eggertsson, Mehrotra和Robbins(2019)研究发现收入不平等的加剧会加强居民的储蓄倾向,从而降低消费需求。则相对收入假说认为个体的消费还受到示范效应的影响,即个体在消费中会互相影响,并且互相攀比,其消费不仅由自身收入决定,还与其他人相对收入水平有很大关联(Duesenberry,1949;Carroll, Overland, and Wei, 1997)。例如,Drechsel-Grau和Schmid(2014)利用德国社会经济面板数据研究发现,家庭的消费水平会受到比其收入高的其他家庭的平均消费的影响,他们将比自身家庭收入高的人群定义为参照组,平均而言,参照组的消费每提升1个单位,会使得自身家庭消费提高0.3%左右。Frank, Levine, and Dijk(2014)提出家庭的消费会受到比自身收入高的其他家庭的显著正向影响,从而导致非富裕家庭的储蓄与收入之间的负向关系。Bertrand和Morse(2016)利用美国的数据研究发现,中、低收入群体有向高收入群体看齐的现象,从而降低家庭储蓄率,提高消费水平。

国内学者在研究我国的收入差距与消费的关系时,较多认为家庭攀比性消费并没有抵消收入差距对消费的抑制作用,即与相对收入假说相比,边际消费倾向理论占据主导地位,也就是收入差距的恶化会导致总消费降低。娄峰和李雪松(2009)利用我国1991—2005年省级数据研究了城镇居民收入差距对消费的影响,结果表明城镇居民消费有显著的"棘轮效应",城镇居民收入差距显著抑制了居民消费。苑小丰和范辉(2010)分析了我国1978—2008年间消费与收入分配现状,发现收入差距的扩大会降低整个社会的平均消费倾向。金烨、李宏彬和吴斌珍(2011)从相对收入的角度研究了收入差距对消费的影响,发现收入差距对居民消费具有显著的负向影响,并且对低收入者和年轻人具有较强的影响。高帆(2014)分析了城乡收入差距和居民消费率之间的关系,发现城乡收入差距扩大会降低平均消费倾向。陈斌开(2012)利用我国省级面板数据,基于生命周期框架理论表明,城乡收入差距越大,居民消费需求越低。韩立岩和杜春越(2014)研究了收入差距、借贷水平对居民消费影响,发现借贷水平与消费呈正向关系,收入差距与消费呈显著的负向关系,并且这两种关系在不同的地区存在显著的差异。李江一和李涵(2016)基于相对收入假说的角度研究了城乡收入差距对居民消费的影响,发现城乡收入差距扩大挤出了农村家庭的生存型和享受型消费,增加了其发展型消费,而对城市家庭的影响则相反。

以上文献在讨论收入差距对居民消费需求的影响时,大都聚焦于消费水平,而关于消费结构,尤其是消费升级的研究并不多见。近年来,新一轮的消费升级成为社会和学术界关注的重点,很多学者围绕如何推动消费升级进行了广泛的讨论。汪伟、刘志刚和龚飞飞(2017)研究了房价与消费升级之间的关系,发现房价上涨显著抑制了消费升级,提出政府应加大对房价的宏观调控力度,促进居民消费升级。石明明、江舟和周小焱(2019)从消费结构动态演变的视角,基于消费结构和消费习惯研究了消费升级的内涵,为部分存在的消费降级现象提供了可能的解释。孙早和许薛璐(2018)基于供给侧结构性改革的视角,研究了我国产业创新与消费升级之间的关系,提出以供给侧结构性改革诱导产业自主创新,从而推动消费升级,实现高质量发展。张磊和刘长庚(2017)指出发展服务业新业态有利于推动居民消费升级,实现增长动能。杜丹清(2017)研究了互联网对消费升级的动力机制,认为互联网时代推动生活性服务业的发展,提升人们的消费结构,改善消费质量。魏勇(2017)利用我国省级城镇居民数据研究发现,社会保障制度促进了居民消费升级,并且显著促进了中高收入者消费升级,但是对低收入者的消费升级并没有显著的影响。

综观上述文献,我们发现较少有文献关注收入差距对消费升级的影响,特别是其对消费升级影响的区域异质性。本章采用中国家庭追踪调查数据(CFPS)中详尽的收入、消费以及家庭特征等数据,构造收入差距指标和家庭消费升级指标,并利用双向固定效应模型，在控制个体异质性和内生性的情形下，研究收入差距对消费升级的影响，为消费升级问题研究提供新的证据。

第三节　模型构建与数据处理

一、数据与变量

本章使用的数据来自中国家庭追踪调查(Chinese Family Panel Studies，CFPS)数据库，该数据由北京大学中国社会科学调查中心和美国密歇根大学调查研究中心等机构合作完成。该数据采用分层多阶段的抽样设计，覆盖了全国25个省、自治区，调查包括了个体特征、家庭收入、消费、资产等基本信息。CFPS数据在家庭层面非常详细地记录了各类消费情况。

本章主要关心的被解释变量是"消费升级"。目前，学术界关于消费升级的界定和度量并没有统一的方法，较为常见的是将食品、衣着、居住作为生存型消费，将生活用品、医疗保健、交通和通信、教育文化娱乐和其他消费等作为发展与享受型消费(李晓楠和李锐，2013；潘敏和刘知琪，2018)，并以发展与享受型占总消费支出比例的提升作为消费升级的表现。同文献一致，本章采用生活用品、医疗保健、交通和通信、教育文化娱乐和其他消费占总消费中比例作为消费升级的指标。[①]

本章的主要解释变量是收入差距(inequality)，我们主要采用

[①] 本章所采用的衡量指标也存在一定的局限性，我们在消费升级的度量中并未考虑生活必需品等生存型消费存在的升级现象。事实上，随着经济的发展和人们生活水平的提高，对生活必需品的质量要求也在不断提升，例如，家里吃穿用度好一些、贵一些，因此，在生存型消费品方面也存在升级现象。由于缺乏消费更细分项的数据，我们无法捕捉生存型消费升级的现象，但我们认为，家庭如果存在生存型消费升级的现象，那必然存在着发展享受型的消费升级现象。

基尼系数①衡量,但由于 CFPS 数据并没有公布家庭所在的城市,只是公布了家庭所在的区县序列码,并且各年间的区县序列码也没有一致性标准,所以我们构造了省级收入差距指标来分析其对消费升级的影响。在构造基尼系数时,沿用文献的做法,采用家庭人均可支配收入作为家庭收入的衡量。同时为了结果的稳健性,我们也选取了其他衡量收入差距的指标,如收入的 90 分位数与 50 分位数之比(P90/P50)、收入的 90 分位数与 10 分位数之比(P90/P10)、收入的对数方差(variance of log)等来进行稳健性检验。

我们在实证中还加入如下表示家庭特征和户主特征的控制变量:①家庭可支配收入(linc),采用家庭纯收入的对数表示,包括工资性收入、经营性收入、转移性收入和财产性收入;②家庭居住地(urban),虚拟变量,其中 1 表示居住在城市,0 表示居住在农村;③户主教育程度(edulevel),我们将户主受教育程度分为三个水平,分别为初中及以下,高中或中专,大学及以上,分别用 1、2、3 表示;④户主婚姻状况,虚拟变量,其中 1 表示已婚,0 表示未婚;⑤家庭住房情况,这里将住房情况分为四类,分别为自有产权住房、公房、廉租房、市场租房,分别用 1、2、3、4 表示;⑥少儿抚养比(childratio),家庭中 16 岁及以下儿童占家庭总人数的比例;⑦老年抚养比(oldraito),家庭中 65 岁及以上老人占家庭总人数的比例;⑧家庭规模(hsize),即家庭常住人口数。此外,我们还控制了户主的性别(male),其中 1 表示户主为男性,0 表示户主为女性,以及户主年龄(age)和年龄的平方(age^2)。在实证分析中,参照文献通常做法,只选取户主年龄在 25—60 岁的家庭并剔除了一

---

① 基尼系数是国际上通用的衡量一个国家或地区居民收入差距的常用指标,但其自身也存在一些局限性,例如,基尼系数只能反映整体的收入差距均等或不均等情况,只能反映静态的收入差距状态而不能反映不同发展阶段的动态收入增长情况,只能反映总体的收入差距而不能反映收入差距的结构变化等。

第四章 收入差距对消费升级的影响

些收入和消费出现异常值的样本,其中包括可支配收入小于100元、可支配收入年收入大约在50万元以上、生活消费大于收入的5倍的样本,并且删除了一些家庭收入消费信息不完整或异常的家庭。在分析时,我们还针对不同的时期,以2010年为基年,通过各省CPI进行平减,并且考虑到结果的稳健性,我们去掉了样本数量小于30的省份。①

此外,本章在稳健性检验中还利用微观数据构造了宏观层面的数据进一步检验我们的理论,具体而言,分别构造了老年人抚养比(oldraito_pro)、少儿抚养比(childratio_pro)、城市化率(urban_pro)、省份平均消费水平(lcon_pro)、省份发展水平(lgdp)这几个省级层面的变量。接下来,我们将在稳健性检验部分具体给出这些变量的计算方法。

表4.1 个体层面变量描述性统计(N=18 677)

变量	均值	中位数	标准差	最小值	最大值
consum_structure	0.435	0.419	0.203	0.007	0.999
linc	10.359	10.412	0.852	7.824	13.054
urban	0.470	0	0.499	0	1
male	0.729	1	0.444	0	1
marriage	0.894	1	0.307	0	1
age	47.014	48	9.055	25	60
$age^2/1\,000$	2.292	2.304	0.815	0.625	3.6
edulevel	1.181	1	0.518	1	3
hownership	1.317	1	0.838	1	4
childratio	0.111	0	0.167	0	0.75
oldraito	0.048	0	0.123	0.123	0.75
hsize	3.767	4	1.552	1	10

---

① 利用原始数据也得到了相同的结论。

表 4.2 省份层面描述性统计(N=100)

变量	均值	中位数	标准差	最小值	最大值
ginihinc	0.480	0.479	0.052	0.363	0.650
varhinc	1.093	1.010	0.391	0.494	2.327
P90/P50	2.781	2.767	0.388	1.662	3.926
P90/P10	11.122	9.955	4.998	4.253	34.594
childratio_pro	21.598	21.905	6.252	10.26	38.26
oldraito_pro	13.406	13.305	2.501	8.9	20.04
urban_pro	0.561	0.534	0.138	0.337	0.895
lcon_pro	10.588	10.566	0.377	9.781	11.506
lgdp	10.655	10.598	0.481	9.481	11.653

表 4.1 给出了个体层面变量的统计性描述。可以看出,消费升级平均水平为 0.435,低于 50%,表明我国居民的消费升级水平并不高,超过 50%的消费属于衣、食、住等生存型消费。从家庭情况来看,收入为 10.359,标准差为 0.852,因此不同家庭消费升级水平存在较大差异,最小值为 7.824,最大值为 13.054,表明不同家庭的收入水平存在较大差距。家庭中住房情况均值为 1.317,表明样本中拥有自有产权的家庭为大多数。从户主情况来看,户主的平均年龄为 47,大都处于已婚,平均受教育水平为 1.181,略高于初级水平,但距离中级水平仍有较大差距,表明了我国九年义务教育普及性。从家庭人口结构来看,每户人口平均接近 4 人,老年人抚养比平均为 4.8%,少儿抚养比为 11.1%,老年人抚养比低于少儿抚养比,反映出样本所在的时间区间内人口老龄化问题尚未严重。

表 4.2 给出了省份层面变量的统计性描述。省份的平均基尼系数为 0.480,超过国际上 0.4 的警戒线,并且不同省份间收入差距有较大波动,收入差距最小的省份为 0.363,最大的省份高达

0.650。由 P90/P50(收入的 90 分位数与 50 分位数之比)和 P90/P10(收入的 90 分位数与 10 分位数之比)的值可以看出,省份内部不同收入群体之间均有较大差距。从省份人口年龄结构来看,老年人抚养比平均为 13.406%,少儿抚养比为 21.598%,这与微观数据的特征一致。从城市化率来看,其平均值为 0.561,超过一半,表明了我国城镇化水平的普及性。此外,不同省份的消费水平和发展水平波动较大,其标准差分别为 0.377 和 0.481。

二、模型设定

本章构建面板双向固定效应模型检验收入差距对消费升级的影响。家庭的消费升级程度与很多因素相关,既包括可以观测到的表示家庭特征的因素(如收入水平、教育水平等),也包括家庭固有的不可观测的因素(如消费习惯、消费偏好等),如果我们在进行模型估计时,忽略这些不可观测的因素,则会引起模型的内生性问题,从而导致估计量的偏误。面板固定效应模型可以控制住与时间无关的不可观测的地区层面的异质性,从而减少由不可观测因素带来的偏误。本章的基准模型如下:

$$consum\_structure_{it} = \beta_0 + \beta_1 inequality_{it} + \beta_2 X_{it} + \alpha_i + year_t + u_{it} \quad (4.1)$$

其中,下标 i 表示家庭维度,t 表示时间维度,$consum\_structure_{it}$ 表示家庭消费升级的指标,$inequality_{it}$ 表示省份收入差距的衡量指标。本章在基准模型中采用文献中常用的基尼系数表示,在后面的分析中采用其他衡量收入差距的指标,如 P90/P50、P90/P10、收入的对数方差等来进行稳健性检验。u_{it} 为扰动项,X_{it} 为其他控制变量,包括家庭的收入、居住地、家庭住房情况、户主婚姻状况、教育水平以及户主性别、年龄及年龄的平方等。此外,我们还控制了家庭固定效应 α_i、年份固定效应 $year_t$。模型

(4.1)中系数 β_1 反映收入差距对消费升级的影响,如果 $\beta_1<0$,则说明收入差距对消费升级是抑制作用,反之,则是促进作用。

第四节 实 证 结 果

一、收入差距对消费升级的影响

在本节中,我们将首先介绍基准模型的估计结果。表4.3的第1列报告了混合回归模型(POLS)的估计结果,第2列报告了随机效应模型(RE)的估计结果,第3列报告了固定效应模型(FE)的估计结果。

从表4.3的结果可以看出,无论是混合回归模型、随机效应模型还是固定效应模型,收入差距扩大对消费升级均是显著的负向影响。我们进一步利用豪斯曼检验(Hausman test)分析随机效应模型和固定效应模型的适用性,得到的F统计量为148.2,显著拒绝了原假设,说明随机效应模型的假设条件不满足,即不可观测的固定效应与模型中其他解释变量存在相关关系,因此本章的实证中固定效应模型更为合适。下面将以表中第3列固定效应模型的结果为主进行解释分析。

可以看出,在控制了其他因素的情况下,平均而言,地区的收入差距每升高0.1个单位,其消费升级下降0.94%,说明收入差距的扩大确实抑制了居民的消费升级。这与前面所述"社会地位寻求理论影响消费"的观点相符,即收入差距扩大时,高收入群体为了保住社会地位倾向于增加储蓄,低收入群体为了追赶高收入群体也倾向于增加储蓄,二者均会减少消费,从而拖累总体社会消费升级的进程。接下来,我们将在机制检验部分进一步探究其原因,讨论高、低收入群体究竟哪个拖累了消费升级进程。

第四章　收入差距对消费升级的影响

表 4.3　收入差距对消费升级的影响

变　量	被解释变量:consum_structure		
	POLS (1)	RE (2)	FE (3)
ginihinc	－0.083**	－0.086***	－0.094**
	(0.033)	(0.032)	(0.041)
linc	0.013***	0.011***	－0.005
	(0.002)	(0.002)	(0.004)
male	－0.014***	－0.013***	—
	(0.003)	(0.004)	
urban	－0.028***	－0.027***	－0.014
	(0.003)	(0.003)	(0.014)
age	0.019***	0.018***	－0.003
	(0.001)	(0.002)	(0.006)
age^2/1000	－0.228***	－0.220***	0.027
	(0.016)	(0.017)	(0.063)
marriage	0.005	0.005	0.007
	(0.005)	(0.005)	(0.020)
edulevel_2	0.019***	0.018***	—
	(0.006)	(0.006)	
edulevel_3	0.060***	0.060***	—
	(0.007)	(0.007)	
hownership_2	－0.037***	－0.036***	－0.004
	(0.011)	(0.011)	(0.020)
hownership_3	－0.015**	－0.014**	0.001
	(0.006)	(0.006)	(0.010)
hownership_4	－0.064***	－0.062***	－0.012
	(0.006)	(0.006)	(0.013)

（续表）

变　量	被解释变量:consum_structure		
	POLS (1)	RE (2)	FE (3)
childratio	−0.052***	−0.052***	−0.057***
	(0.011)	(0.011)	(0.020)
oldratio	−0.119***	−0.126***	−0.212***
	(0.015)	(0.015)	(0.026)
hsize	0.012***	0.012***	0.013***
	(0.001)	(0.001)	(0.003)
省份固定效应	√	√	√
年份固定效应	√	√	√
观测值	18 677	18 677	14 715
R^2	0.089	—	0.064
家庭数量	—	9 169	5 207

注:括号内为标准误;符号 *、**、*** 分别指在 10%、5%和 1%的显著性水平上显著;常数项的估计省略。

在其他控制变量中,在混合回归模型和随机效应模型时,家庭的可支配收入对消费升级均是显著的正向影响,但是在固定效应模型中并没有显著的影响,这表明在控制了家庭消费习惯、偏好等不可观测的因素之后,收入水平与消费升级没有必然联系。这可能是由于当家庭的收入提高后,食品、衣着、住房等生存型消费内部也存在升级,例如,家庭会选择质量更好、价格更高的食品和衣着等,虽然消费质量提升了,但是由于我们只能观测到总的食品或衣着的消费,所以体现不出食品、衣着内部的消费升级。家庭居住地对消费升级的影响并不显著,这表明随着我国城镇化进程的加速,城市和农村在生活上的差距越来越小,消费结构也较为类似。家庭住房情况对消费升级的影响并不显著,样本中房屋产权发生变化的家庭，他们的消费升级没有发生变化，因此无法估计出其量化影响。从家庭的年龄结构来看，老年人抚养比与少儿抚养比与消费升级呈现显著的负向关系，并且都在1％水平上显著，虽然老年人和少儿数量的增多意味着可能的医疗支出增多，但同时意味着教育娱乐和交通通信等其他方面的支出减少，当后者高于前者时，可能导致家庭消费升级降低(李涛和陈斌开，2014)；家庭规模显著促进消费升级，表明家中人数越多，消费升级水平越高。平均而言，家庭规模每增长0.1个百分点，消费升级提高0.13％。由于户主的性别和教育水平均不随时间变化，因此在固定效应模型中无法估计出其对消费升级的影响，这里以随机变量模型的结果进行解释分析。我们发现，户主为男性的家庭显著低于户主为女性的家庭，说明了家庭消费结构在性别上的差异。随着户主教育水平的提高，家庭的消费升级显著提高，这主要是由于教育水平越高则意味着家庭未来收入的预期也就越高，未来收入增速加快，家庭的永久性收入也随之增加，因此家庭消费更倾向于升级。

二、收入差距对消费升级区域异质性分析

由于中国地区间发展极不平衡，有些地区处于消费追赶阶段，有些地区处于消费升级完成阶段，因此，收入差距在不同区域内的影响也可能不同，接下来我们将讨论收入差距对消费升级的影响是否具有区域差异性。在本部分，我们将省份按照其地域位置划分为东、中、西三个地区。具体而言，东部包括北京、天津、河北、上海、江苏、浙江、福建、山东、广东、海南、辽宁、吉林、黑龙江；中部包括山西、安徽、江西、河南、湖北、湖南；西部包括内蒙古、广西、重庆、四川、贵州、云南、陕西、甘肃、宁夏、新疆。将省份按不同地区分为不同的组群，讨论收入差距在不同地区对消费升级的影响。表4.4中按照东、中、西三个地区的样本，分别讨论了收入

差距对消费升级的影响。

表 4.4　不同区域收入差距对消费升级的影响

变　量	被解释变量:consum_structure		
	(1) 东部地区	(2) 中部地区	(3) 西部地区
ginihinc	−0.081*	−0.122	−0.204**
	(0.047)	(0.089)	(0.102)
控制变量	√	√	√
省份固定效应	√	√	√
年份固定效应	√	√	√
观测值	7 185	3 551	3 930
R^2	0.073	0.094	0.067
家庭数量	2 551	1 251	1 391

注:同表4.3。其他控制变量的估计省略。

由表4.4可以看出,收入差距对东中西部的消费升级具有明显的差异,具体而言,收入差距扩大对东部地区和西部地区的消费升级均是显著的负向影响,对中部地区的消费升级没有显著的影响。结果表明,以基尼系数衡量的收入不平等对西部地区的抑制作用最大,平均而言,基尼系数每升高0.1个单位,对西部地区消费升级的影响降低2.04%,对东部地区消费升级的影响降低0.81%,并且分别在5%和10%水平上显著。在中部地区,收入差距从总体上并没有明显表现出抑制消费升级的效应,可能的原因是,这些年中部地区经济建设发展得较快,收入以增长效应为主导,收入差距无明显恶化,影响消费升级的因素很可能就是收入增长效应而非收入差距。并且,从国际国内近十年的收入差距变化看,美、英、中国内地、中国香港以及一些欧洲发达国家,由于金融与房地产的发展快于实体经济的发展(如制造业),收入差距明显扩大。许多美国公司用利润回购股份,而非研发与生产,造成股价大涨,金融机构和投资人资本利得收入大幅增长,而一般百姓根本没有资本投入股市,这样就造成收入差距明显加大,整体看似乎经济状况向好发展,但底层百姓没有认同感。因此,金融与房地产过度化的国家,其收入差距扩大状况越来越厉害,对消费升级不会带来明显的推进作用。而像德国和中国台湾地区,由于注重实体经济发展,价格一直很平稳,分配相对较为公平,收入差距无明显扩大,消费比较活跃与平稳。由于中部地区的近些年的发展主要也是由于产业转移推动实体经济的快速发展,因而收入差距没有出现明显的扩大现象。

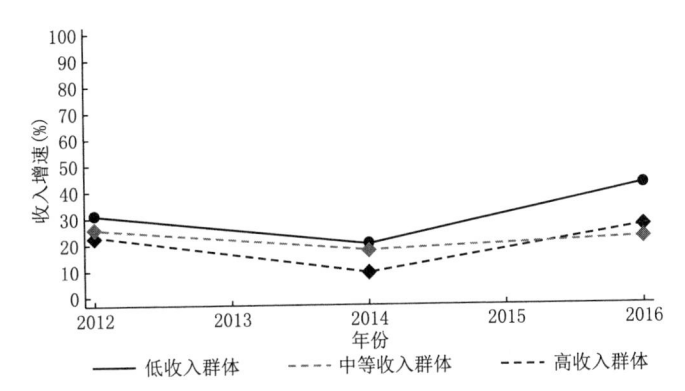

图 4.2 东部地区 2012—2016 年不同收入水平人群的平均收入增速

以上的分析表明,区域不同发展水平会使得收入差距对消费升级的影响也不尽相同。因此,上述结果的出现可能是由于东、中、西三个地区处于不同的发展阶段,消费升级也处于不同的发展阶段:东部地区已经完成了消费升级,中部地区消费处于不断升级并向东部收敛的阶段,西部地区则处于消费升级的初级阶段。具体来看,中部地区省份大都处于发展阶段,中等收入群体较多,并且最近几年中部地区经济不断崛起,居民收入水平不断提高,低收入群体迈向中、高收入群体的速度加快,因此,消费升级处于追赶阶段,部分富人消费升级的进程抵消了整体收入差距的负向影响,从而使得收入差距对中部地区的消费升级并没有表现出显著的抑制作用。东部地区大都处于发达阶段,很多城市(如北京、上海、广州等)都已经完成了消费升级的追赶阶段,一旦收入差距增大,虽然中、高收入群体和低收入群体都会增多,但是低收入群体增长的速度快于中、高收入群体(图4.2)。2012—2016年,低收入群体平均收入增速为25.8%,中、高收入群体收入增速分别为20.2%、20.4%。并且,近年来东部地区房价高企,使得居民生活压力增大,购买房产的成本更高,相应地用于升级型项目的消费减少,从而可能会使得消费升级阶段退回。西部地区大都属于欠发达阶段,整体收入水平偏低,无法再进行更多的升级型消费,收入差距的负向影响较收入增长效应占据了主导地位,抑制了消费升级的进程。因此,从总体上来看,收入差距对消费升级的影响效应与区域的发展阶段之间呈现倒"U"形关系。

考虑到人均GDP可以从一定程度上反映省份的发展阶段,为了进一步验证上述结论,我们还将省份按发展状况分为不同的组群,分析不同组群中收入差距对消费升级的影响。我们首先将各个省份的人均GDP与家庭层面的微观数据进行匹配,按照各个省份每年的人均GDP水平从低到高分为三个组,分别定义为欠发达省份组群、中等发达省份组群和发达省份组群,并对三个组的样本分别讨论收入差距对家庭消费升级的影响。由表4.5可以看出,收入差距对欠发达省份和发达省份中家庭消费升级均是显著的负向效应,对中等发达省份没有显著影响,这与前文所述收入差距对消费升级的影响效应与地区发展阶段之间的倒"U"形关系也是一致的。

表 4.5　不同发展阶段收入差距对消费升级的影响

变量	被解释变量:consum_structure		
	(1) 欠发达省份	(2) 中等发达省份	(3) 发达省份
ginihinc	−0.165** (0.075)	−0.039 (0.058)	−0.183** (0.079)
控制变量	√	√	√
省份固定效应	√	√	√
年份固定效应	√	√	√
观测值	4 322	4 453	4 636
R^2	0.078	0.093	0.067
家庭数量	1 571	1 657	1 786

注:同表 4.3。其他控制变量的估计省略。

三、 机制检验

从以上分析可以发现,不论是对于总体还是对于不同地区而言,收入差距都会显著降低消费升级。产生这一结果的原因可能是收入差距扩大伴随着省内高收入群体和低收入群体都会增多,而低收入群体由于收入的限制,对消费升级有抑制作用。因此,在这一部分,我们对高、中、低收入群体分样本回归,分析产生这一结果的影响机制。表 4.6 报告了回归结果。

从表 4.6 的结果可以看出,收入差距对省内低收入群体的消费升级是显著的负向影响,对省内中、高收入群体的消费升级并没有显著影响。因此,我们可以认为收入差距的扩大主要对低收入群体的消费升级有抑制作用。从社会地位寻求理论的角度考虑,由于家庭有寻求更高社会地位的动机,因此,当收入差距扩大时,低收入家庭为了进入更高的社会阶层,会减少消费增加储蓄,因此会相应减少除去食品、衣着等这些生存型消费之外的其他类型的消费,从而对消费升级产生负向影响。这意味着,我国消费升级不能仅仅依靠富人,提高低收入群体的收入水平也至关重要。

表 4.6 收入差距对不同收入群体的影响

变 量	被解释变量:consum_structure		
	(1) 低收入群体	(2) 中等收入群体	(3) 高收入群体
ginihinc	−0.154**	−0.074	−0.066
	(0.075)	(0.085)	(0.085)
控制变量	√	√	√
省份固定效应	√	√	√
年份固定效应	√	√	√
观测值	3 435	3 011	3 243
R^2	0.090	0.082	0.052
家庭数量	1 471	1 341	1 363

注:同表 4.3。其他控制变量的估计省略。

第五节 稳健性检验

一、采用其他表示收入差距的指标替代基尼系数

在前面的分析中,我们均采用基尼系数作为衡量收入差距的指标,接下来我们将使用其他常用的衡量收入差距的指标(对数收入方差、P90/P10、P90/P50)验证基准结果的稳健性。

表 4.7 报告了主要结果,第 1 列为了方便对比,我们列出了基尼系数的回归结果,第 2 列是将基尼系数替代为对数收入方差的回归结果,第 3 列是将基尼系数替代为 P90/P10 的回归结果,第 4 列是将基尼系数替代为 P90/P10 的回归结果。可以看出,表 4.7

中基本结论与基尼系数的回归结果一致，各衡量基尼系数的指标对消费升级均是负向影响。P90/P50 的回归系数虽然没有在 10% 水平上显著，但其回归系数的 t 值也达到了 1，在 20% 水平上显著。P90/P10 的回归系数虽然不显著，但也是负向影响。以对数收入方差的结果为例，收入差距每提高 0.1 个单位，消费升级指数降低 0.37%，并且在 10% 的水平上显著。此外，我们发现与表 4.3 中基尼系数对家庭消费的影响相比，P90/P10、P90/P50 前面的系数绝对值要小很多，这是由于 P90/P10、P90/P50 的值的大小要高于基尼系数的大小（如描述性统计表 4.2 所示，基尼系数的平均值为 0.480，远小于 P90/50 的平均值 2.781 和 P90/P10 的平均值 11.122）。其他表示家庭特征的解释变量与表 4.3 也基本类似。

表 4.7　稳健性检验（对数收入方差，P90/P10，P90/P50 分别替代基尼系数）

变量	被解释变量:被解释变量:consum_structure			
	(1)	(2)	(3)	(4)
ginihinc	−0.094**			
	(0.041)			
varhinc		−0.037*		
		(0.020)		
P90/P10			−0.001	
			(0.002)	−0.008
P90/P50				(0.008)
控制变量	√	√	√	√
省份固定效应	√	√	√	√
年份固定效应	√	√	√	√
观测值	14 715	14 715	14 715	14 715
R^2	0.064	0.061	0.061	0.061
家庭数量	5 207	5 207	5 207	5 207

注：同表 4.3。

二、采用其他表示消费升级的指标

以上的分析均是采用家庭中发展与享受型消费占比作为消费升级的指标。为了检验结果的稳健性,我们还采用了其他文献中常用代表消费升级的指标进行分析。参照汪伟、刘志刚和龚飞飞(2015)的研究,我们仅采用医疗保健、交通通信和教育文化娱乐三项占总消费中比例作为消费升级的指标。

从表 4.8 中可以看出,对于不同的衡量收入差距的指标,收入差距对消费升级的影响均显著为负。具体而言,在控制了其他因素的情况下,基尼系数每提高 0.1 个单位,消费升级降低 1.57%,并且在 1% 水平上显著,略大于基准模型消费升级指标的变动;对

表 4.8 稳健性检验(采用其他表示消费升级的指标)

变 量	被解释变量:consum_structure(汪伟等,2015)			
	(1)	(2)	(3)	(4)
ginihinc	−0.157***			
	(0.037)			
varhinc		−0.068***		
		(0.019)		
P90/P10			−0.004**	
			(0.001)	
P90/P50				−0.018**
				(0.007)
控制变量	√	√	√	√
省份固定效应	√	√	√	√
年份固定效应	√	√	√	√
观测值	14 715	14 715	14 715	14 715
R^2	0.074	0.074	0.073	0.073
家庭数量	5 207	5 207	5 207	5 207

注:同表 4.3。

数收入方差每提高 0.1 个单位,消费升级降低 0.68%,且在 1%水平上显著。其他衡量收入差距的指标,P90/P10、P90/P50 对消费升级也是显著的负向影响,并且均在 5%水平上显著,与前面基准模型分析结果基本是一致的。

三、 宏观层面上收入差距对消费升级的影响

以上我们考虑的都是微观层面收入差距对消费升级的影响,发现收入差距确实显著抑制了消费升级,那么这种影响是否会传导到宏观层面上呢? 从宏观层面上看,收入差距是否对消费升级产生影响呢? 其是否具有区域异质性呢? 接下来,我们利用微观数据构造省级数据,考察宏观层面上收入差距对消费升级的影响。与前文类似,我们采用如下固定效应模型:

$$consum\_pro_{it} = \gamma_0 + \gamma_1 ginihinc_{it} + \gamma_2 Z_{it} + \lambda_i + year_t + v_{it} \tag{4.2}$$

其中,下标 i 表示地区维度,t 表示时间维度,$consum\_pro_{it}$ 表示省级层面家庭消费升级的指标,采用居住在省份内所有家庭的消费升级水平做平均,$ginihinc_{it}$ 定义与前文类似。这里我们仅报告了采用基尼系数估计的结果,v_{it} 为扰动项,Z_{it} 为其他控制变量,主要包括省份层面的特征,例如人口的年龄结构、城市化率、消费水平、发展水平等。我们还控制了省份固定效应 λ_i 和年份固定效应 $year_t$。

具体分析时,我们在模型中考虑了如下几个控制变量:①老年人抚养比(oldraito_pro),采用省内 65 岁以上人数除以总人数计算;②少儿抚养比(childratio_pro),采用省内 16 岁以下人数除以总人数计算;③城市化率(childratio_pro),采用省内城镇人口占总人口的比重表示城市化水平;④省份平均消费水平(lcon_pro),采用居住在省份内所有家庭的总消费做平均;⑤省份发展水平

(lgdp),采用省份GDP的对数计算。

表4.9 宏观层面上收入差距对消费升级的影响

变量	被解释变量:$consum\_pro$			
	全部样本	东部	中部	西部
ginihinc	−0.108**	−0.135**	0.052	−0.282***
	(0.046)	(0.059)	(0.033)	(0.093)
控制变量	√	√	√	√
省份固定效应	√	√	√	√
年份固定效应	√	√	√	√
观测值	100	48	24	28
R^2	0.839	0.905	0.988	0.853
省份数量	25	12	6	7

注:同表4.3。

可以看出,从全国层面来看,在控制了其他因素的情况下,平均而言,地区的收入差距每升高0.1个单位,其消费升级下降1.08%,略高于微观层面上对家庭的影响。与前文类似,将总体样本分为东、中、西三个地区的样本,分别讨论了收入差距对消费升级的影响。可以看出,从宏观层面来看,收入差距扩大对东部地区和西部地区的消费升级均是显著的负向影响,对中部地区的消费升级没有显著的影响,这与前面利用微观数据分析的结果基本一致。

本 章 小 结

本章从收入差距的视角研究了近年来中国居民消费升级缓慢的原因,利用微观调查数据,构造收入差距以及消费升级指标,分析了收入差距对消费升级的影响。我们发现,收入差距的扩大对消费升级存在负面影响,平均而言,收入差距每升高0.1个单位,其消费升级指数下降0.94%。并且,本章研究了收入差距对不同区域的消费升级的影响,从发展阶段的维度发现收入差距对消费升级的影响效应与省份的发展阶段呈现倒"U"形关系,即收入差距对西部地区和东部地区有显著的抑制作用,对中部地区并没有显著影响。进一步,本章探究了其影响机制,发现收入差距增大后,主要是抑制了低收入群体的消费升级,而对中、高收入群体的影响并不显著。此外,在稳健性检验中,我们还从宏观层面研究了收入差距对消费升级的影响,与文中的基准结果相一致。

基于本章的研究,我们认为政府对促进居民消费升级可以从以下三方面进行调整。

第一,加强收入再分配的调整力度,切实降低收入差距。在以消费助推高质量发展的新时期,政府进行收入分配改革是降低收入不平等程度的重要举措。由于我国不同区域差异性较大,因此针对不同的区域还应采取不同的政策。对于东、中部这些较为发达的地区,政府可以通过转移支付的手段调整收入分配,从而降低收入差距;对于西部地区,由于其整体发达程度较低,人均收入水平较低,政府可以通过产业结构调整升级助推经济发展,发挥其比较优势,从而提升整个地区的收入水平。

第二,充分考虑到东中西地区发展的不均衡,因地制宜刺激消费,推动消费升级。东部地区已经完成消费升级阶段,然而近年来东部地区房价快速上涨,居民收入的上涨速度远低于房价的增速,消费升级速度趋缓,甚至出现了消费升级退回现象。因此,政府应加大对房价的调控力度,降低居民的生活成本,释放居民消费潜力。中部地区近年来迅速发展,居民收入增速大幅上涨,消费升级处于快速追赶阶段,政府可以从供给端提升居民消费升级的动力,制定相关产业政策时适当引领高端产业发展,提升产品质量,为居民消费升级提供更广阔的空间。西部地区处于消费升级的初级阶段,为加快促进消费增长,政府可以推动消费领域的一些改革,特别是医疗和养老等服务业的发展,从而推动居民生活水平和促进消费升级。

第三,实施精准扶贫,提高底层人民收入,尤其给予在疫情期间受到冲击的低收入家庭相应的救助。政府可以通过提供职业培训等途径,提高底层人民的职业素质和职业能力,拓宽其就业渠道,从而提高底层人民的收入水平。同时,考虑到由于疫情暴发导致大量家庭收入骤降,很多家庭甚至失去收入来源,家庭的消费支出大幅降低,建议政府对于在疫情中受到严重冲击的家庭应给予一定的现金或消费现金券补贴。

第五章

流动性约束对家庭消费的影响

第一节 引 言

经过几十年的发展,中国经济实现了快速增长,但是消费总需求不足的问题一直困扰着我国。在中国经济由高速发展向高质量发展进程中,居民消费率偏低显著抑制了消费对经济的促进作用。探究居民消费率持续低迷的原因对我国经济发展极为重要,也是学术界的重要任务。很多学者从预防性储蓄、收入分配和收入差距、房价上涨等角度解释了中国消费率偏低的原因。[1]而最近因新冠肺炎疫情的暴发,居民消费断崖式下滑,老百姓流动性枯竭受到社会热议,使得家庭流动性与消费之间的关系越来越受到关注。本章即以此为出发点,从流动性约束的视角研究中国消费低迷的原因。

新冠肺炎疫情的暴发使得一部分企业经历了相当长时间的停工停产,导致劳动力市场受到严重影响,许多家庭流动性迅速收紧,极大地抑制了总需求,2020年第一季度数据显示社会消费品零售总额同比下降19%。在这一过程中,受到失业冲击影响的

---

[1] 杨汝岱和陈斌开(2009),凌晨和张安全(2012),Cooper and Zhu(2017)基于预防性储蓄理论研究了居民消费率偏低的原因;金烨、李宏彬和吴斌珍(2011),陈斌开(2012),解垩(2017)从收入差距和收入分配的角度分析了居民消费率下降的原因;陈彦斌和邱哲圣(2011),颜色和朱国钟(2013)研究了住房价格与消费之间的关系,他们认为房价格的上涨会导致居民为买房而储蓄,对消费形成"挤出"效应。

家庭收入骤降,而这必然会使得家庭节衣缩食,降低消费。特别是近些年来加杠杆买房的"房奴"群体,这些家庭本来流动性就较差,家庭成员再受到失业冲击,必然对家庭流动性雪上加霜。同时,对于很多农村家庭而言,外出务工收入已经成为家庭最主要的收入来源,且家庭成员大都在中小企业务工,而这次疫情中很多中小企业因为抗风险能力较弱,在重击之下摇摇欲坠甚至倒闭,以致外出务工为主的家庭失去收入来源,陷入流动性约束的境地。因此,疫情暴发导致大量家庭收入骤降,家庭流动性不足,消费支出大幅降低,进而影响到了经济增长,在此背景下,研究流动性约束对消费的影响就显得尤为重要。

较早的一些学者大多从金融资源的可获得性层面定义流动性约束(Zeldes, 1989),也通常被称为借贷约束,即如果家庭在危急情况下无法及时从金融机构获得所需资金,则视为面临流动性约束。近年来的一些学者认为流动性约束与借贷约束存在差异(Parker et al., 2011; Kaplan and Violante, 2014a)。借贷约束一般是指家庭申请贷款被拒绝,或者是因害怕被拒绝而不申请,即家庭无法通过金融市场获得所需资金。然而,随着我国金融市场的完善,居民的消费率仍然居高不下,因此仅从借贷约束的视角解释消费率持续低迷的原因是不够的。流动性约束不仅仅是指借贷约束,它衡量的是可以随时用于变现的所有资产的组合,除了现金、存款之外,还包括股票、基金等随时可以用于变现的金融资产。由于这些资产变现成本低,能从一定程度上体现家庭的流动性,而房产由于变现周期长,且变现交易成本高,不属于流动性资产的范围。影响流动性约束的另一重要的因素就是房贷,由于近年来房价高涨,陷入流动性约束的不一定是低收入的群体,一些因买房背负房贷的中产阶级同样也面临流动性约束收紧的困境。事实上,流动性约束收紧的就是家庭债务,特别是住房抵押贷款快速累积产生的债务负担。在国际经验上,由于家庭部门被

第五章 流动性约束对家庭消费的影响

动降杠杆导致的总需求不足,从而导致了严重的金融危机后,家庭流动性对经济的影响受到广泛关注。

Kaplan and Violante(2014a,2014b)首次根据家庭持有流动性和非流动性资产的比例引入 HtM(hand-to-mouth)消费者的概念,文中将因流动性资产不足而受到流动性约束的家庭称为 HtM 家庭,并根据非流动性资产的净值(例如住房资产)将 HtM 家庭细分为贫穷型 HtM(P-HtM)和富裕型 HtM 家庭(W-HtM),其中 P-HtM 是指拥有少量流动性资产,且没有非流动性资产的家庭,W-HtM 是指仅有少量流动性资产但拥有可观数量的非流动性资产的家庭。文章还指出,相比没有受到流动性约束的家庭(N-HtM),W-HtM 和 P-HtM 家庭的边际消费倾向均较高,这与传统意义上受到借贷约束的家庭消费特征类似。实质上,相比传统文献,Kaplan and Violante(2014a,2014b)扩大了受到流动性约束家庭的界定范围(贺洋和臧旭恒,2016),因为传统意义下富裕型 HtM 家庭通常被视为不受到流动性约束。本章即采用 Kaplan and Violante(2014)中关于流动性约束的定义,重新估计流动性约束对家庭消费的影响。

在本章中,我们利用中国家庭追踪调查数据(China Family Panel Studies, CFPS)和中国家庭金融调查数据(China Household Finance Survey, CHFS),采用不同的衡量标准构造了家庭流动性指标,从流动性约束的视角探究了居民消费不振的原因。从数据上可以看出,中国家庭的流动性约束正在收紧,并且和消费增速负相关,如图 5.1 所示,受到流动性约束家庭的比例从 2010 年的 24% 上升至 2018 年的 35% 左右,相应地,家庭消费增速也由 2012 年的 27% 下降到 2018 年的 11%。我们的研究发现,流动性约束显著收紧了家庭消费,并且这一结果对于不同的调查数据和不同的流动性约束指标均是稳健的。进一步,我们还分析了流动性约束对消费结构和不同类型的家庭的影响,发现流动性约束对不同类型的消费和异质性消费者的影响存在显著的差异。

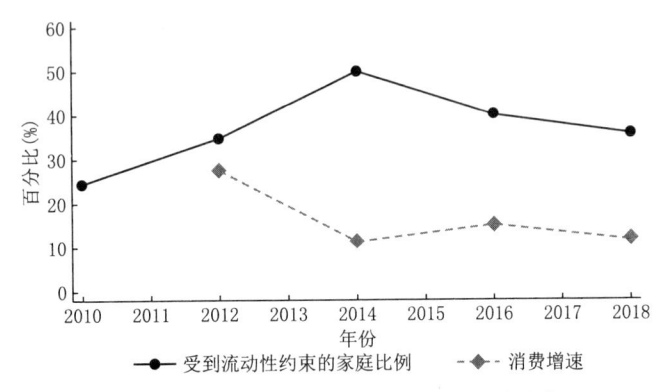

图 5.1 流动性约束与居民消费增速变动趋势

本章的创新点在于:(1)以往文献研究流动性约束对消费的影响,大多从借贷约束的角度定义流动性约束,我们借鉴 Kaplan and Violante(2014a,2014b)的定义,引入资产变现成本,重新界定了受到流动性约束的家庭的范围,分析了流动性约束对消费的影响,强调了流动性约束的重要性,也为新冠肺炎疫情下政府实施消费刺激政策提供了新的思路。(2)本章从异质性的视角研究了流动性约束对不同类型消费者的影响。以往文献较多研究流动性约束对我国居民消费行为的整体影响,而关于异质性影响方面关注的较少。(3)本章在构建家庭流动性指标时,没有采用单一的定义,还综合了现有文献中的不同衡量标准,给出了多种定义方式,保证了基准结果的稳健性。

第二节 文 献 综 述

国外关于流动性约束对家庭消费影响的研究较早,但早期文献对流动性约束与借贷约束并没有作很明确的区分,大多从信贷约束的视角进行研究(Zeleds,1989)。在 Kaplan and Violante (2014a,2014b)解释了家庭流动性的重要性之后,越来越多的学者开始关注流动性约束对家庭消费行为的影响。Jappelli and Pistaferri (2014)利用意大利家庭调查数据进一步支持了 Kaplan and Violante (2014a,2014b)的结论,即对于暂时性收入,相比流动性资产较高的家庭,流动性资产较低的家庭边际消费倾向更高。Di Maggio 等(2017)利用美国的数据研究了房屋抵押贷款利率对家庭消费行为的影响,发现当贷款利率下降时,家庭偿还债务金额随之变低,流动性约束会放松,从而家庭耐用品消费增加。Park(2017)利用韩国数据发现富裕型 HtM 家庭边际消费倾向更高,这类家庭一般拥有可观的非流动性资产,但是由于流动性资产很少,因此当面临暂时性收入冲击时,这些家庭对消费的反应更大。Acconcia,Corsetti,and Simonelli(2018)利用意大利地震后的住房重建补贴政策作为准自然试验,研究了流动性变化对家庭消费行为的影响。结果表明,政府补贴政策从很大程度上改善了家庭的流动性,短期内显著增加了受到流动性约束家庭(富裕型 HtM 家庭)的非耐用品消费,而对不受到流动性约束家庭的消费没有显著影响。Baker(2018)利用美国关联财务账户数据估算了不同债务水平和借贷能力下家庭的边际消费倾向,得出高负债家庭的边际消费倾向明显更高,且家庭边际消费倾向的异质性完全可以由家庭的信贷和流动性约束所解释。Cloyne,Ferreira,and Surico (2020)利用美国和英国的家庭调查数据发现利率变化主要影响有抵押贷款的家庭消费行为,虽然有一些家庭拥有大量的非流动性资产,但是仍表现出受到流动性约束的特征,因此当利率下调时,有抵押贷款的家庭债务降低,可支配收入增加,现金流得到改善,从而使得消费增加。

  针对中国的情况,学者们基于流动性约束视角解释消费低迷的研究主要从以下两方面展开。一部分文献主要从信贷约束的视角来考察,从传统意义上将"流动性约束"定义为"信贷约束"。例如,万广华、张茵和牛建高(2001),Kuijs(2005),Aziz and Cui(2007)认为我国金融市场不发达,消费者信贷需求无法得到满足,导致居民消费率偏低。臧旭恒和李燕桥(2012)利用中国省际面板数据研究了消费信贷与城镇居民消费行为的关系,结果表明消费信贷从一定程度上缓解了居民当期流动性约束,促进了耐用品的消费,但是对非耐用品和服务消费影响较弱。Li and Zhu(2010),Li 等(2013)采用我国农村家庭的调查数据,研究了信贷配给对农村家庭消费的影响,发现流动性约束抑制了居民的消费需求。杭斌和余峰(2018)指出潜在流动性约束对家庭消费的抑制作用与家庭地位等级的高低有关,社会地位高的家庭由于借贷相对容易,因此,潜在流动性约束对其消费的抑制作用相对较弱。甘犁、赵乃宝和孙永智(2018)基于收入分布和流动性约束的视角研究了居民消费问题,结果表明收入差距扩大和流动性约束的相互作用导致居民消费不足。还有一些文献主要从家庭资产结构来考察流动性对消费的影响。贺洋和臧旭恒(2016)利用CFPS数据研究了家庭资产结构对消费倾向的影响,发现家庭流动性资产占比越高,家庭消费倾向越强。臧旭恒和张欣(2018)从资产流动性和住房需求的角度研究了不同资产结构下异质性消费者的行为,发现高流动性资产可以平滑消费,缓解流动性约束。Cui and Feng(2017)参照 Kaplan and Violante(2014a),根据流动性资产和非流动资产的配置,将家庭区分为 P-HtM(贫穷月光族)、W-HtM(富裕月光族)和 N-HtM(非月光族)三种不同类型的家庭,发现相比 N-HtM 家庭,P-HtM 和 W-HtM 家庭的消费对收入变化的反应更大。蒋涛、董兵兵和张远(2019)拓展了 Kaplan and Violante(2014a)的模型,将家庭区分为 P-HtM(贫穷月光族)、W-HtM(富裕月光族)、P-NHtM(贫穷非月光族)和 W-NHtM(富裕非月光族)四种不同类型的家庭,发现不同类型家庭的消费行为是显著不同的。

综观上述文献,我们发现虽然已有研究注意到了流动性约束对我国居民消费行为的整体影响,但大部分文献沿用国外的思路，考察流动性约束对边际消费倾向的影响，较少有文献关注其对我国居民消费行为影响的异质性以及流动性约束对消费水平的直接影响。同时，从流动性约束度量方法上看，在以往分析流动性与消费的文献中，较多采用借贷约束来定义流动性约束，而事实上流动性约束并不仅仅是借贷约束(Kaplan and Violant，2014a)，因此亟须采用新的度量方法对这一问题进行研究。

第三节　数据和模型设定

一、核心变量构造

本章的家庭消费为消费性支出，包括食品、衣着、居住、交通和通信、家庭设备用品及服务、医疗保健、教育文化娱乐服务、其他商品和服务等八大类支出，这也是我们主要关心的被解释变量。家庭收入为全部家庭成员的年收入，主要包括工资性收入、经营性收入、财产性收入和转移性收入四大类型。家庭流动性资产包括现金、活期存款、定期存款、股票、债券、基金、金融衍生品、金融理财产品、借出款等容易变现的资产，减去除去房贷之外的其他短期债务。

本章主要关心的解释变量是家庭的流动性约束，在表示流动性指标定义时，我们将家庭是否受到流动性约束定义为虚拟变量，其取值为 1 表示受到流动性约束，取 0 表示没有受到流动性约束。具体划分时，现有文献(Kaplan et al., 2014a；臧旭恒和张欣，2018；蒋涛、董兵兵和张远，2019)较为常用的是根据高流动性资产与收入的比例关系对 HtM 消费者进行分类，这一度量方法是本章的核心方法。具体而言，参照文献 Kaplan et al.(2014a)，如果家庭流动性资产与净收入之比小于二分之一，则将其定义为受到流动性约束，即 $HtM_1=1$，否则 $HtM_1=0$。其中，家庭当期净收入用全年净收入除以 12 来替代,这主要是考虑到我国大部分家庭的劳动收入均是按月发放。

为了与以往文献中方法进行比较,我们还考虑了另外三种从借贷约束视角进行定义的度量方法,具体如下:① 参照 Zeldes(1998)中关于流动性约束家庭的定义,如果家庭金融资产低于其两个月永久收入,则家庭面临流动性约束,即 $HtM_2=1$,否则 $HtM_2=0$。② 参照 Cai 等(2018),将存在银行信贷需求但是没有获得信贷支持的家庭定义为面临流动性约束。具体而言,在 CHFS 数据 2011 年和 2013 年的调查问卷中,家庭没有用于住房和汽车购买的银行贷款,且没有贷款的原因是"需要,但没有申请"或"申请过被拒绝"则界定为有住房信贷约束和汽车信贷约束。家庭没有信用卡,并且没有信用卡的原因是"不知道""没有还款能力"或"已申请但被拒绝"则被视为受信用卡限制。以上定义的三种信贷约束中至少有一种受到约束,则认为受到流动性约束,即 $HtM_3=1$,否则 $HtM_3=0$。④ 参照甘犁、赵乃宝和孙永智(2018),将是否持有信用卡作为流动性约束的代表指标。在 CHFS 调查问卷中,受访者被问"你的家庭有信用卡吗? 不包括未激活的信用卡",如果家庭没有激活的信用卡,则家庭面临流动性约束,$HtM_4=1$,否则 $HtM_4=0$。

二、模型设定

本章利用面板固定效应模型探讨流动性约束对家庭消费的影响,由于家庭的消费与很多因素均密切相关,其中既包括可以观测到的家庭特征(例如收入、资产等),也包括家庭固有的不可观测的因素(例如消费习惯、风险偏好等)。如果遗漏这些不可观测的变量,则有可能导致模型的内生性问题,从而产生估计偏误。因此,本章采用面板双向固定效应模型,既可以控制住不可观测的个体层面的异质性,也可以控制住时间固定效应,从而减少由

不可观测因素带来的估计偏误。本章的基准模型如下:

$$lcon_{it} = \beta_0 + \beta_1 HtM_{it} + X'_{it}\beta + \alpha_i + year_t + u_{it} \quad (5.1)$$

其中,下标 i 表示家庭维度, t 表示时间维度, $lcon$ 表示家庭总消费的对数, HtM 为衡量流动性约束的虚拟变量,取值为 1 时表示家庭受到流动性约束,取值为 0 时表示家庭不受到流动性约束。在实证分析中分别采用四种不同的定义检验流动性约束对家庭消费的影响, X_{it} 为表示家庭特征和户主特征的其他变量,包括家庭的收入、资产、房产、负债、居住地、户主婚姻状况、教育水平以及性别、年龄等, u_{it} 为误差项。此外,我们还控制了家庭固定效应 α_i 和年份固定效应 $year_t$。模型(5.1)中系数 β_1 反映了流动性约束对家庭消费的影响,如果 $\beta_1<0$,则说明流动性约束对家庭消费是抑制作用;反之,则是促进作用。

家庭总消费衡量的是家庭消费水平,在稳健性分析中,我们还进一步考察了流动性约束对家庭相对消费的影响,即对家庭平均消费倾向的影响,将模型(5.1)简单变化如下:

$$APC_{it} = \gamma_0 + \gamma_1 HtM_{it} + X'_{it}\gamma + \alpha_i + year_t + v_{it} \quad (5.2)$$

这里, APC 表示家庭的平均消费倾向,定义为家庭的总消费与总收入之比,模型中其他解释变量的定义与(5.1)中相同。

三、数据和变量

本章采用中国家庭追踪调查(CFPS) 2010—2018 年和中国家庭金融调查(CHFS) 2011—2017 年的微观调查数据。CFPS 和 CHFS 数据分别来源于北京大学中国社会科学调查中心和西南财经大学,均覆盖了来自中、东、西地区的大部分省份,是两个相互独立的具有全国代表性的微观调查数据库。该数据包括了家庭的收入、消费、住房资产、金融资产、负债和信贷约束、个体特征等家庭微观层面的微观信息,这对从微观层面讨论我国流动性约束对家庭消费的研究有着重要的价值。

在实证分析时,我们还加入了表示家庭特征和户主特征的控制变量。其中,表示家庭特征的解释变量包括:①家庭净资产(tasset):家庭净资产与家庭纯收入之比;②家庭负债的对数(tdebt):家庭中除去住房债务之外的其他负债;③家庭收入的对数(linc):家庭成员的纯收入;④少儿抚养比(childratio):家庭中16岁及以下儿童在家庭常住人口中占比;⑤老年抚养比(oldratio):家庭中65岁及以上老人在家庭常住人口中的占比;⑥家庭规模(hsize):家庭中常住人口数。表示户主特征的解释变量包括:①性别(male):虚拟变量,0代表女性,1代表男性;②居住地情况(urban):虚拟变量,0代表农村,1代表城市;③婚姻状况(marriage):虚拟变量,0代表未婚,1代表已婚;④教育程度(edulevel),这里将学历水平分为三个等级,1表示初中及以下,2表示高中学历,3表示大学及以上学历;⑤社会养老保险(pension):虚拟变量,0表示没有社会养老保险,1表示有社会养老保险;⑥医疗保险(hinsure):虚拟变量,0表示没有社会医疗保险;1表示有社会医疗保险。此外,我们还控制了户主的年龄(age)以及年龄的平方($age^2/1000$)。

在实证分析时,本章对CFPS和CHFS数据做了如下处理:选取了户主年龄介于22岁至79岁之间的样本,同时剔除了一些收入、消费出现异常值的样本,例如,消费为0的样本、可支配收入小于100元的样本和消费大于收入的5倍的家庭(金烨、李宏彬和吴斌珍,2011)。由于本章使用的是面板固定效应模型进行分析,因此,在分析时我们去掉了只有一期的数据,同时为了消除价格变动带来的估计偏误,本章以2010年为基年对现价变量进行平减。

表5.1给出了CFPS和CHFS数据的统计性描述,从总体上看,两组数据中大部分变量的均值和标准差均较为接近。从CFPS数据来看,无论流动性约束采用何种定义,这一比例均较高,表明我国的家庭面临广泛的流动性约束,已经处于较为严峻

的形势。从家庭情况来看,家庭消费的均值为 10.08,小于家庭收入的均值 10.31,标准差为 0.894,表明不同家庭的收入与消费之间存在着较大的差异。从家庭资产负债情况来看,家庭中净资产均值为 10.42,负债(除去房贷)均值为 1.805,净资产高于负债。从户主情况来看,户主的平均年龄为 55 岁,大部分是已婚状态,平均受教育水平为初中水平。样本中户主享有社会养老保险的比例为 67.9%,享有社会医疗保险的比例为 91.7%,表明这些福利政策在我国实施的普遍性。从家庭人口结构来看,每户人口平均接近 4 人,老年人抚养比平均为 14.8%,高于少儿抚养比为 9%,表明在样本区间内,老龄化现象已经普遍存在。

表 5.1 变量描述性统计

变量名	CFPS($N=31\,619$) 均值	中值	标准差	CHFS($N=57\,615$) 均值	中值	标准差
HtM_1	0.355	0	0.478	0.302	0	0.459
HtM_2	0.415	0	0.493	0.450	0	0.498
HtM_3	—	—	—	0.511	1	0.499
HtM_4	—	—	—	0.859	1	0.347
lcon	10.08	10.10	0.894	10.29	10.34	0.862
tasset	10.53	5.694	19.92	10.67	5.436	15.31
hvalue_net	11.07	11.55	2.767	8.473	11.51	5.777
tdebt	1.805	0	3.775	1.653	0	3.656
linc	10.31	10.41	1.001	10.58	10.69	1.049
male	0.704	1	0.456	0.793	1	0.405
age	55.09	55	11.66	53.57	54	12.57
urban	0.444	0	0.497	0.645	1	0.479
marriage	0.853	1	0.354	0.893	1	0.310
edulevel	1.227	1	0.538	1.845	1	1.188
pension	0.679	1	0.467	0.803	1	0.397
hinsure	0.917	1	0.276	0.925	1	0.264
childratio	0.090	0	0.158	0.120	0	0.161
oldratio	0.148	0	0.262	0.186	0	0.320
hsize	3.848	4	1.673	3.471	3	1.551

第四节 中国家庭流动性约束分析

一、家庭流动性约束在时间序列上的演变趋势

由图 5.2 可以看出,我国家庭的流动性约束在收紧,面临流动性约束的家庭比例呈上升趋势。从 CFPS 数据来看,2010 年面临流动性约束的家庭比例较低,占到了全部样本的 24.37% 左右,但这一比例在 2014 年急剧上升到 49.58%,虽然在 2016 年和 2018 年均有所下降,但仍为 35.44%,处于一个较高的水平。CHFS 数据体现的趋势与 CFPS 相似,在 2011 年,受到流动性约束家庭的比例为 31.21%,在 2013 年上升至 34.33%,2015 年虽略微下降,但仍然要高于 2010 年的水平。

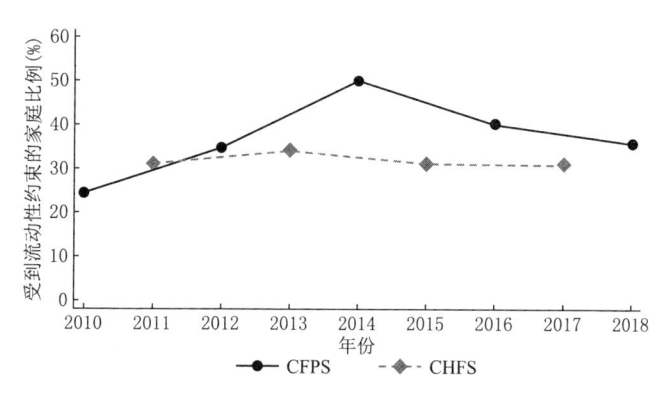

图 5.2 2010—2018 年面临流动性约束家庭的比例

造成家庭流动性收紧的原因是多方面的,比如经济增速下滑引致的家庭收入增速的下降会使得家庭累积财富的过程放缓,消费升级会使得家庭储蓄下降,负债增多。但是在本章中,除了这些可能的因素外,我们主要想强调近些年来家庭债务累积产生的

付息压力对家庭现金流的侵蚀。从宏观数据来看,根据国际清算银行(BIS)的测算,截至 2019 年第一季度,家庭债务占 GDP 的比重已经达到 53.6%,而这一数值在 2010 年初仅为 23.5%,不到十年间翻了一番。[①]而家庭债务占居民可支配收入之比在 2018 年更是超过了 100%,因此,我们认为,分析家庭债务对流动性的挤出作用不但有必要,而且迫在眉睫。

二、家庭流动性约束在生命周期上的变动趋势

图 5.2 说明,从时间趋势来看,家庭流动性约束处于收紧状态,那么在家庭的生命周期上,流动性约束又是呈现何种趋势?通过合并利用 CFPS 和 CHFS 数据,我们分不同出生年份计算了不同代际家庭面临的流动性约束情况。由图 5.3 可以看出,在生命周期上,受到流动性约束的家庭比例与户主的年龄基本呈现倒"U"形,在 22—50 岁这一阶段,受到流动性约束的家庭比例随着年龄的增加而上升,由年轻时的 20%左右上升至 50 岁的 40%左右,上升了近 20 个百分点。但在 50 岁以后,这一比例则呈下降趋势,最终稳定在 30%左右。这一结果虽然与美国的情形类似,[②]但却与生命周期理论中关于资产累积的趋势相反。生命周期理论认为,家庭在工作期间会不断累积财富,而在退休期则会消耗财富用以达到消费的平滑,因此,家庭的资产情况会呈现倒"U"形。如果家庭的资产是流动性资产,则这就会导致家庭的流动性约束呈现"U"形。数据中产生这一倒"U"形趋势一方面可能是由于家庭累积的资产多为房产等流动性差的资产,并不能直接缓解家庭流动性;另一方面则可能是房贷的原因,由于较为年轻的家庭买房的时候需要存款付首付并贷款,并且还贷款时间一般为 20—30

[①] BIS 的数据详见 http://stats.bis.org/statx/srs/tseries/CRE/Q.CN.H.A.M.770.A?t=f3.1&c=&p=20162&i=8.10。

[②] 详见 Kaplan et al.(2014)的图 6。

年,因此 50 岁前这一段时间由于家庭要还房贷,使得家庭流动性变差。但到 50 岁之后,大部分家庭的贷款也已经基本还清,家庭流动性约束便会下降。

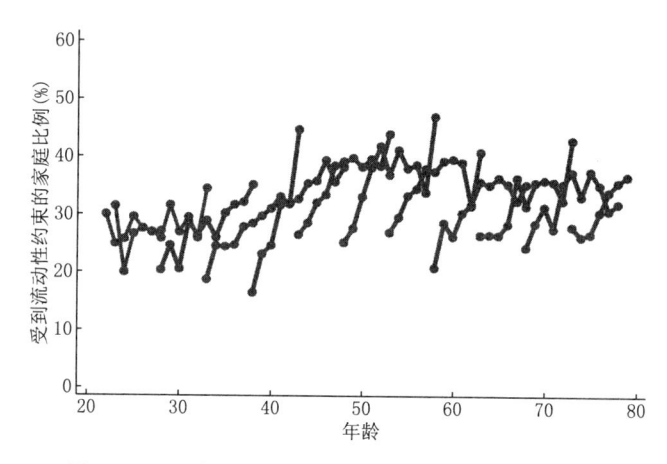

图 5.3 不同年龄阶段的家庭面临流动性约束的比例①

三、家庭流动性约束的城乡异质性

由于我国城乡差异巨大,我们还分析了城市家庭和农村家庭面临的流动性约束情况。如图 5.4 示,左侧虚线表示城市中面临流动性约束的家庭占全样本的比例,实线表示农村中面临流动性约束的家庭占全样本的比例;右侧虚线表示城市中面临流动性约束的家庭占城市样本的比例,实线表示农村中面临流动性约束的家庭占农村样本的比例。从全样本来看,2010—2018 年间,虽然个别年份中城市面临流动性约束的家庭占比超过了农村,但总体而言,农村面临流动性约束的家庭占全样本的比例略高于城市。

---

① 此处一条线代表一组出生年份相同的家庭。直接按照年龄做平均得到类似的结果,但由于无法控制代际效应(cohort effect),因此,我们采用将不同代际的家庭统一画线的方式来得到流动性约束在生命周期上的变动。

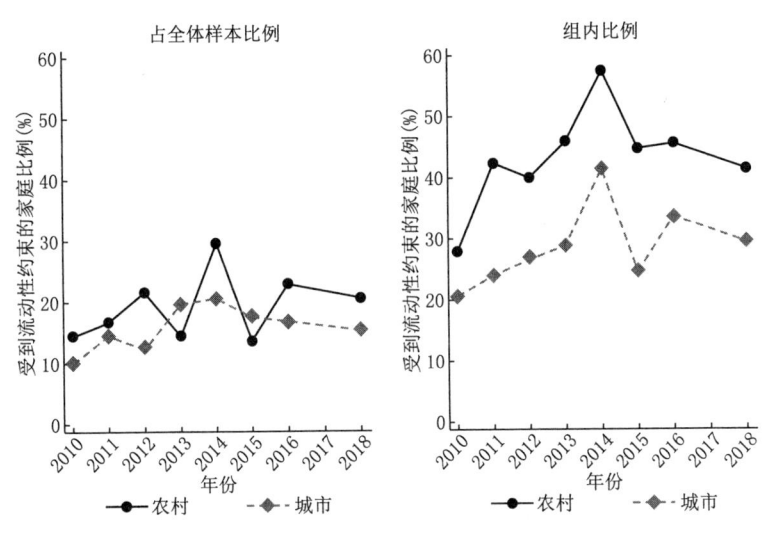

图 5.4　2010—2018 年城市和农村面临流动性约束的比例

从组内差异来看,农村中面临流动性约束的家庭占比一直高于城市样本,并且二者都呈现上升趋势。在 2010 年,农村内部面临流动性约束的家庭占比为 27.68%,城市内部面临流动性约束的家庭占比为 20.76%,到 2018 年这一比例分别上升为 41.52% 和 29.73%,这一结果表明农村家庭流动性约束收紧更严重。产生这一结果的原因一方面是城市化的影响,收入较高、财富累积较多的农村家庭会迁移至城市定居,从而使得农村剩余家庭的流动性约束增强;另一方面也可能是房贷的影响,即农村家庭成员在城市贷款买房,会导致整个家庭流动性骤减。

四、有房家庭和无房家庭的流动性约束

以上分析表明,家庭流动性呈现收紧的趋势,同时无论是分代际,还是分城乡的结果都显示出家庭流动性约束收紧可能与房贷之间存在着显著关系。为了考察房贷对流动性约束的影响,我

们首先描述了有房家庭(Wealth)与无房家庭(Poor)面临流动性约束的比例,如图5.5所示,左侧虚线表示有房家庭中面临流动性约束的家庭占全样本的比例,实线表示无房家庭中面临流动性约束的家庭占全样本的比例;右侧虚线表示有房家庭内部面临流动性约束的家庭占比,实线表示无房家庭内部面临流动性约束的家庭占比。

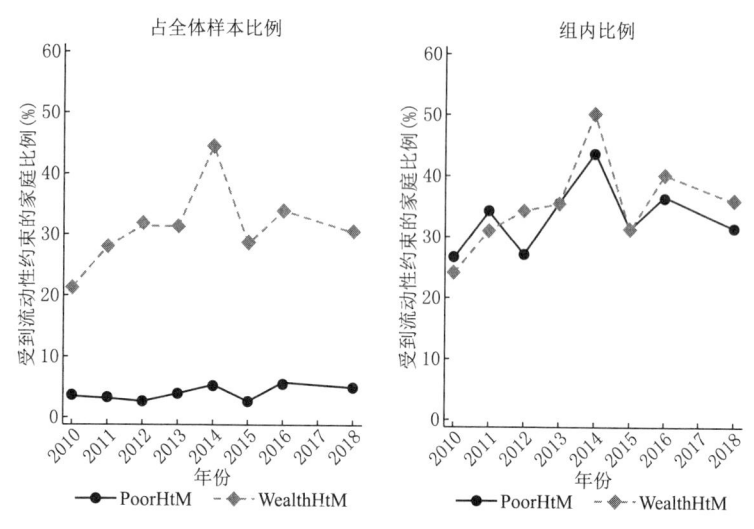

图 5.5 2010—2018 年有房和无房家庭面临流动性约束的比例

从全样本来看,由于我国房屋自有率达到90%多,从而导致面临流动约束的有房家庭远远大于无房家庭,并且有房家庭的占比一直在升高。2010—2018年间,面临流动性约束的无房家庭比例仅由3.4%上升至4.7%,而面临流动性约束的有房家庭则从20.93%上升至30.38%,并且在2014年高达44.41%,这也反映出住房对于家庭流动性的重要性。

从组内差异来看,二者变动趋势虽然基本一致,但在2013年后,有房家庭内部受到流动性约束的家庭比例基本超过了无房家庭内部受到流动性约束的比例。这也说明,伴随着房地产的发展,住房对于家庭而言是财富的增加,但由此产生的房贷却可能导致家庭流动性的下降。

第五节 实 证 分 析

一、不同度量方法下流动性约束对消费的影响

我们将首先基于对 HtM 不同的度量方法,分析流动性约束对家庭消费的影响。表5.2的第1—2列报告了利用CFPS数据的估计结果,第3—6列报告了CHFS数据的估计结果。由于CFPS和CHFS数据在样本选取上的差异,因此估计结果在数值大小方面存在一些差别,但总体而言,各变量的符号基本上是一致的。我们以CFPS估计的结果为主进行分析,可以看出,在控制了其他变量时,与不受流动性约束的家庭相比,受到流动性约束的家庭总消费会显著降低,并且这一结果对于不同流动性约束指标均是稳健的,以 HtM_1 的估计结果为例,受到流动性约束的家庭相比不受流动性约束的家庭消费水平降低6.2%,且在1%水平上显著。下述分析中均以 HtM_1 的估计结果为主进行分析。

在其他控制变量中,在家庭资产方面,家庭净资产显著提高了家庭的消费水平;家庭净房产对消费水平有显著的正向作用,这主要由于房地产财富对消费的推动作用(黄静和屠梅曾,2014);家庭中除去房贷之外的其他负债显著提高了家庭消费,这类负债大部分是指短期负债,相比房产负债这类长期负债,短期的借贷缓解了家庭的压力,增加家庭消费水平(黄兴海,2004;韩立岩和杜春越,2011;熊伟,2014)。在收入方面,家庭收入水平显著提高了家庭消费,这也说明提升居民收入水平是刺激消费的有效手段。家庭消费在居住地上有显著的差异,相比居住在农村的家庭,居住在

表 5.2　不同度量下流动性约束对家庭消费的影响

变量	被解释变量:lcon						
	CFPS		CHFS			
	(1)	(2)	(3)	(4)	(5)	(6)
HtM_1	−0.062***		−0.112***			
	(0.010)		(0.008)			
HtM_2		−0.079***		−0.087***		
		(0.009)		(0.007)		
HtM_3					−0.040*	
					(0.020)	
HtM_4						−0.120***
						(0.011)
tasset	0.001***	0.001***	0.002***	0.002***	0.003***	0.002***
	(0.000)	(0.000)	(0.000)	(0.000)	(0.001)	(0.000)
hvalue_net	0.008***	0.008***	0.003***	0.003***	0.009***	0.002***
	(0.002)	(0.002)	(0.001)	(0.001)	(0.002)	(0.001)
tdebt	0.020***	0.018***	0.017***	0.012***	0.009**	0.011***
	(0.001)	(0.001)	(0.001)	(0.001)	(0.003)	(0.001)
linc	0.240***	0.243***	0.244***	0.244***	0.271***	0.231***
	(0.007)	(0.007)	(0.005)	(0.005)	(0.017)	(0.005)
age	−0.008	−0.007	−0.004	−0.004	0.014	−0.006
	(0.005)	(0.005)	(0.004)	(0.004)	(0.013)	(0.004)
age2	0.049	0.043	−0.018	−0.013	−0.260**	−0.001
	(0.045)	(0.044)	(0.035)	(0.035)	(0.127)	(0.037)
childratio	0.115***	0.117***	0.109***	0.109***	0.046	0.133***
	(0.034)	(0.034)	(0.035)	(0.035)	(0.103)	(0.037)
oldratio	−0.117***	−0.117***	−0.028	−0.026	−0.074	−0.025
	(0.026)	(0.026)	(0.020)	(0.020)	(0.061)	(0.020)
观测值	31 619	31 619	57 615	57 615	7 374	54 898
Pseudo R^2	0.284	0.286	0.192	0.191	0.235	0.188
家庭数	10 467	10 467	23 386	23 386	3 687	22 472

注:括号内为标准误;符号 *、**、*** 分别指在 10%、5%和 1%的显著性水平上显著;常数项估计省略。

城市的家庭消费更高。从家庭的年龄结构来看,老年人抚养比与家庭消费呈显著的负向关系,这可能由于老年人增多虽然医疗等支出会增加,但是也意味着家庭在教育娱乐和交通通信等消费支出减少,因此对消费总体上有显著的降低作用;少儿抚养比与家庭总消费则呈现显著的正向关系,这可能由于家庭中孩子数量越多意味着其在教育、医疗方面的支出越多,因此提高了总消费。

二、流动性约束对消费结构的异质性影响

在上一节中,我们发现不同的度量标准下,流动性约束均对居民消费存在抑制作用,那么这一结论对各分项消费是否成立呢?本节中,我们利用家庭各分项消费数据,继续讨论流动性约束对不同类型的消费的影响。参照已有文献(李江一和李涵,2016;纪园园和宁磊,2018),我们将消费类型划分为生存型(食品、衣着、居住、交通和通信)、享受型(家庭设备用品及服务、医疗保健、文化娱乐服务)和发展型(教育支出)消费。

由表5.3可看出,无论是生存型、享受型还是发展型的消费,受到流动性约束的家庭消费均显著低于未受到流动性约束的家庭。以CFPS调查数据为例,平均而言,在控制了其他变量的情形下,与未受到流动性约束的家庭相比,受到流动性约束的家庭的生存型消费减少9.3%,享受型消费减少6.2%,发展型消费减少12.6%,且均在1%的水平上显著。我们发现,无论是CFPS数据还是CHFS数据,流动性约束对发展型消费(即教育支出)的抑制作用均是最大的,这也意味着流动性约束抑制了父母对子女的教育投资,受到流动性约束的家庭更不愿意进行人力资本投资,从而在一定程度上也间接造成了高等教育机会的不公平。

表 5.3 流动性约束对消费结构的影响

变量	被解释变量					
	CFPS			CHFS		
	Ln(生存型消费)	Ln(享受型消费)	Ln(发展型消费)	Ln(生存型消费)	Ln(享受型消费)	Ln(发展型消费)
HtM_1	−0.093***	−0.062***	−0.126**	−0.114***	−0.192***	−0.226***
	(0.011)	(0.020)	(0.052)	(0.009)	(0.019)	(0.044)
其他控制变量	✓	✓	✓	✓	✓	✓
省份固定效应	✓	✓	✓	✓	✓	✓
年份固定效应	✓	✓	✓	✓	✓	✓
观测值	31 619	31 619	31 619	57 615	57 615	57 615
Pseudo R^2	0.298	0.092	0.096	0.143	0.228	0.076
家庭数	10 467	10 467	10 467	23 386	23 386	23 386

注:括号内为标准误;符号 *、**、*** 分别指在 10%、5% 和 1% 的显著性水平上显著;控制变量同表 5.2,常数项估计省略。

三、流动性约束对异质性消费者的影响

前面的分析表明,流动性约束对消费结构存在异质性影响,在这一部分我们将讨论流动性约束对不同特征的家庭影响是否会有所不同。考虑到不同资产结构对消费者的决策存在不同的影响,且住房资产是中国家庭资产重要的组成部分,因此是否拥有住房资产可能会使得消费者面临的不确定和由此产生的预防性储蓄行为有所不同,进而引起二者之间消费的差别。因此,本章按照家庭有无住房资产,分别定义了富裕型和贫穷型消费者,具体而言,将有住房且受到流动性约束的家庭定义为富裕型 HtM 家庭,而将没有住房的受到流动性约束的家庭定义为贫穷型 HtM 家庭。

由表 5.4 可以看出,流动性约束对于不同类型家庭的影响是

不同的,且均是显著的负向影响。具体而言,在富裕型家庭中,与未受流动性约束的家庭相比,受到流动性约束的家庭消费减少6%,而在贫穷型家庭中,这一比例则上升至10.4%,因此,相比富裕型 HtM 家庭,贫穷型 HtM 家庭的消费受到流动性约束的抑制影响更大一些。这可能是由于相比于拥有自有住房的家庭,无房消费者面临的收入的不确定性较高且其积累财富的动机更强(臧旭恒和张欣,2018),因此流动性约束对消费的抑制作用更强。

表 5.4 流动性约束对异质性消费者的影响

	被解释变量:$lcon$			
	CFPS		CHFS	
	富裕型	贫穷型	富裕型	贫穷型
HtM_1	−0.060***	−0.104*	−0.113***	−0.122***
	(0.010)	(0.054)	(0.010)	(0.035)
其他控制变量	√	√	√	√
省份固定效应	√	√	√	√
年份固定效应	√	√	√	√
观测值	29 039	939	46 624	1 983
Pseudo R^2	0.275	0.377	0.190	0.258
家庭数	9 615	430	19 994	915

注:括号内为标准误;符号 *、**、*** 分别指在 10%、5% 和 1% 的显著性水平上显著;控制变量同表 5.2,常数项估计省略。

四、 流动性约束对消费的城乡异质性影响

前面的分析表明,流动性约束对消费结构、消费者均存在异质性影响,接下来我们考察流动性约束对城市和农村是否存在不同的影响。表 5.5 的第 1—2 列报告了 CFPS 数据的估计结果,第 3—4 列报告了 CHFS 数据的估计结果。可以看出,无论是采用何

种调查数据,也无论是城市还是农村,受到流动性约束的家庭的消费均要低于未受到流动性约束的家庭。由此可见,当全社会受到流动性约束的家庭比例升高时,总消费就会受到影响。根据CFPS数据来看,流动性约束在城市和农村中对消费的影响并没有显著的差异,而根据CHFS的结果可以看出,流动性约束在农村地区对消费的抑制性作用更大一些。

表 5.5 流动性约束对不同区域消费者的影响

	被解释变量:lcon			
	CFPS		CHFS	
	(1) 城市	(2) 农村	(3) 城市	(4) 农村
HtM_1	−0.053***	−0.054***	−0.089***	−0.160***
	(0.015)	(0.014)	(0.017)	(0.025)
其他控制变量	√	√	√	√
省份固定效应	√	√	√	√
年份固定效应	√	√	√	√
观测值	13 507	17 121	14 399	7 705
Pseudo R^2	0.343	0.245	0.218	0.91
家庭数	4 731	5 613	7 159	3 834

注:括号内为标准误;符号 *、**、*** 分别指在 10%、5% 和 1% 的显著性水平上显著;控制变量同表 5.2,常数项估计省略。

五、 流动性约束对不同时期和不同户主年龄阶段的影响

在前文的分析中,我们只估计了家庭流动性对消费的平均影响,本节我们分年份、分户主年龄阶段分别讨论家庭流动性约束对消费的影响。首先,我们讨论每一年家庭流动性对消费的影响,在模型(5.1)的基础上设定如下回归模型:

$$lcon_{it} = w_0 + \sum_{t=1}^{T} w_t \times htm_{it} \times year_t + \mu X_{it} + \alpha_i + year_t + \varepsilon_{1it}$$
(5.3)

其中，$year_t$ 是一个表示年份的虚拟变量，T 表示时间维度数，交叉项前面的系数 w_t 表示不同年份家庭流动性约束对消费的影响，图 5.6 为交叉项系数 w_t 的大小及其 90% 的置信区间。不难看出，该交互项系数在 2010—2018 年各个年份中，家庭流动性约束对消费均是显著的负向影响。

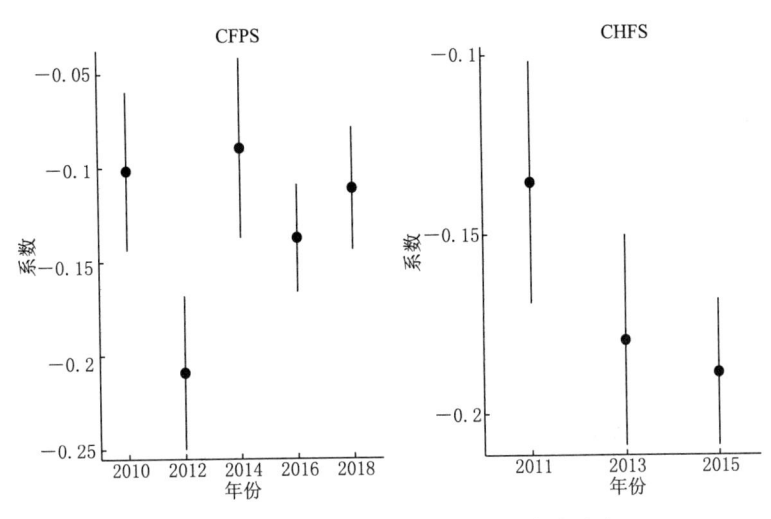

图 5.6 不同年份年家庭流动性对消费的影响

接下来，我们分不同户主年龄阶段分析家庭流动性对消费的影响。类似模型(5.3)，设定模型如下

$$lcon_{it} = \delta_0 + \sum_{m=1}^{11} \delta_m \times htm_{im} \times age\_dummy_m \\ + \mu X_{it} + \alpha_i + year_t + \varepsilon_{1it}$$
(5.4)

其中，age_dummy_m 表示户主年龄阶段的虚拟变量，我们将

户主年龄按照 22—24 岁、25—29 岁、30—34 岁、35—39 岁、40—44 岁、45—49 岁、50—54 岁、55—59 岁、60—64 岁、65—69 岁、70 岁及以上分为 11 个组别,交叉项前面的系数 δ_m 表示不同户主年龄阶段家庭流动性约束对消费的影响。图 5.7 为交叉项系数 δ_m 的大小及其 90% 的置信区间。可以看出,该交互项系数对于不同户主年龄阶段的家庭均具有显著的负向影响。

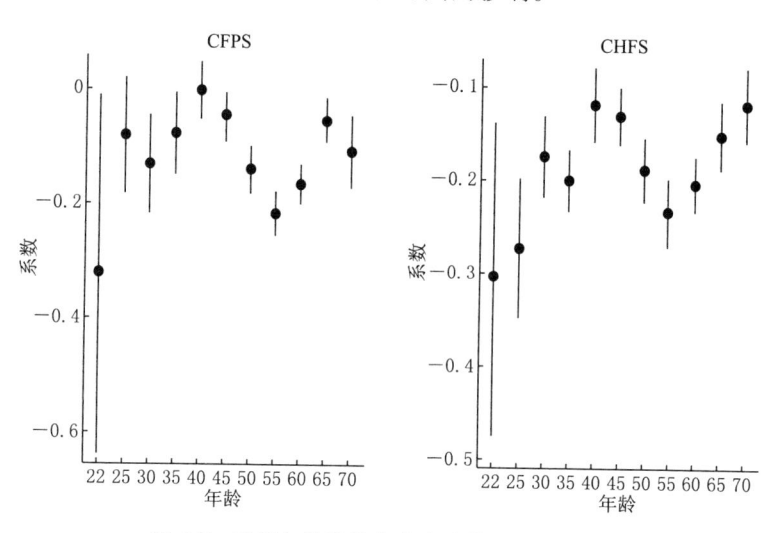

图 5.7 不同年龄阶段家庭流动性对消费的影响

第六节 稳健性检验

一、采用家庭消费倾向替代家庭总消费

一般而言,家庭总消费表示的是绝对消费水平,为了检验结果的稳健性,我们还采用了文献中其他常用的代表相对消费的指标进行分析。参照金烨、李宏彬和吴斌珍(2011)的研究,我们采用家庭消费倾向作为家庭消费的指标,利用模型(5.2)进行估计,

给出估计结果。

从表 5.6 中可以看出,虽然由于 CFPS 和 CHFS 数据在样本上的差异,估计结果在数值上会有一些差别,但无论是采用何种调查数据,与未受到流动性约束的家庭相比,受到流动性约束的家庭的平均消费倾向均显著降低,这与使用家庭总消费时的结论一致。

表 5.6 稳健性检验(家庭消费倾向代替总消费)

变量	被解释变量:家庭消费倾向(APC)					
	CFPS			CHFS		
	(1)	(2)	(3)	(4)	(5)	(6)
HtM_1	−0.026**		−0.084***			
	(0.012)		(0.010)			
HtM_2		−0.041***		−0.091***		
		(0.011)		(0.008)		
HtM_3					−0.023	
					(0.022)	
HtM_4						−0.096***
						(0.014)
其他控制变量	√	√	√	√	√	√
省份固定效应	√	√	√	√	√	√
年份固定效应	√	√	√	√	√	√
观测值	31 619	31 619	57 615	57 615	7 374	54 898
Pseudo R^2	0.409	0.410	0.407	0.408	0.372	0.470
家庭数	10 467	10 467	23 386	23 386	3 687	22 472

注:括号内为标准误;符号 *、**、*** 分别指在 10%、5% 和 1% 的显著性水平上显著;控制变量同表 5.2,常数项估计省略。

二、采用剔除与住房相关的家庭总消费

住房资产是中国家庭资产的重要组成部分,已经影响到家

庭生活的方方面面。在年轻家庭中,房贷成为其流动性变差的主要原因。老年家庭流动性变差的一个主要原因也是为子女买房。住房消费是组成家庭总消费的重要组成部分,因此住房支出可能由于存在测量误差,使得其天然与流动性约束相关,所以本节我们采用去除住房消费后的家庭总消费来检验家庭流动性对非住房类的消费。由表 5.7 可以看出,流动性约束对不包含住房支出的家庭消费依然是显著的负向影响,与基准模型所得结果非常类似。

表 5.7 稳健性检验(剔除与住房相关的家庭总消费)

变 量	被解释变量:$lcon$(不包括住房支出)					
	CFPS			CHFS		
	(1)	(2)	(3)	(4)	(5)	(6)
HtM_1	−0.080***		−0.123***			
	(0.010)		(0.008)			
HtM_2		−0.097***		−0.104***		
		(0.009)		(0.007)		
HtM_3					−0.045**	
					(0.019)	
HtM_4						−0.115***
						(0.011)
其他控制变量	√	√	√	√	√	√
省份固定效应	√	√	√	√	√	√
年份固定效应	√	√	√	√	√	√
观测值	31 619	31 619	57 615	57 615	7 368	54 890
Pseudo R^2	0.231	0.233	0.200	0.199	0.237	0.197
家庭数	10 467	10 467	23 386	23 386	3 684	22 469

注:括号内为标准误;符号 *、**、*** 分别指在 10%、5% 和 1% 的显著性水平上显著;控制变量同表 5.2,常数项估计省略。

三、宏观层面上流动性约束对消费的影响

以上我们考虑的都是微观层面流动性约束对消费的影响,发现与未受到流动性约束的家庭相比,流动性约束确实显著抑制了消费。那么这种影响的一般均衡效果如何?即从宏观层面上看,流动性约束是否对消费产生影响呢?接下来,我们利用微观数据构造省级数据,考察宏观层面上流动性约束对消费的影响。与前文类似,我们采用如下固定效应模型:

$$lcon\_pro_{it} = \theta_0 + \theta_1 HtM\_pro_{it} + Z'_{it}\mu + \alpha_i + year_t + \varepsilon_{it} \quad (5.5)$$

其中,下标 i 表示地区维度,t 表示时间维度,$lcon\_pro$ 表示省级层面家庭平均消费的指标,采用居住在省份内所有家庭的消费水平做平均,HtM_pro 为省份内受到流动性约束的家庭的比例,ε_{it} 为扰动项,Z_{it} 为其他控制变量。省份人均可支配收入水平($linc\_pro$),采用居住在省份内所有家庭的总收入做平均;省份发展水平($lngdp$),采用省份人均 GDP 的对数计算;城市化率($urban\_pro$),采用省内城镇人口占总人口的比重表示城市化水平;城市产业结构($industrial\_pro$),采用省内第二产业的产值与第三产业产值之比计算;老年人抚养比($oldratio\_pro$),采用省内 65 岁以上人数除以总人数计算;少儿抚养比($childratio\_pro$),采用省内 16 岁以下人数除以总人数计算。

由表 5.8 结果可以看出,无论 HtM 采用哪种计算方法,从宏观层面来看,地区的流动性约束比例与消费水平均呈现负向关系。虽然 CHFS 数据中 HtM_pro_2、HtM_pro_3 和 HtM_pro_4 前面的系数不显著,但总体上仍为负向影响,且 HtM_pro_2 前面的系数虽然不显著,但其 t 值也相对较大($t=0.415/0.279=1.49$),这与前面利用微观数据分析的结果基本一致。具体而言,以 CFPS 数据第 1 列的结果为例,在控制了其他因素的情况下,省内受到流动性

约束的家庭比例每升高 1 个百分点,其平均消费水平下降 0.269 个百分点,且在 5% 的水平上显著。

表 5.8 宏观层面上流动性约束对消费的影响

变量	被解释变量: lcon_pro					
	CFPS			CHFS		
	(1)	(2)	(3)	(4)	(5)	(6)
HtM_pro_1	−0.269**		−0.435*			
	(0.108)		(0.262)			
HtM_pro_2		−0.362***		−0.415		
		(0.125)		(0.279)		
HtM_pro_3					−0.099	
					(0.330)	
HtM_pro_4						−0.094
						(0.225)
其他控制变量	√	√	√	√	√	√
省份固定效应	√	√	√	√	√	√
年份固定效应	√	√	√	√	√	√
观测值	124	124	112	112	50	112
Pseudo R^2	0.931	0.933	0.895	0.895	0.878	0.914
省份数	25	25	29	29	25	29

注:括号内为标准误;符号 *、**、*** 分别指在 10%、5% 和 1% 的显著性水平上显著。

本 章 小 结

本章参照文献 Kaplan and Violante(2014a, 2014b),拓展了传统文献中关于流动性约束的定义,从一个更为广义的流动性约束视角,分析了流动性约束对家庭消费的影响。本章的研究发

第五章 流动性约束对家庭消费的影响

现,流动性约束对家庭消费存在显著的负向影响,平均而言,在控制了其他因素的情况下,与不受流动性约束的家庭相比,受到流动性约束的家庭总消费降低了 6.2%。本章进一步研究了流动性约束对不同类型消费和异质性消费者的影响,具体而言,流动性约束对生存型、享受型和发展型消费的影响是显著不同的,其中对发展型消费的抑制作用最大;流动性约束不仅对贫穷型家庭的消费有抑制影响,对有可观财富的富裕型(例如拥有住房资产)家庭也有抑制影响,但是相比富裕型 HtM 家庭,贫穷型 HtM 家庭的消费受到流动性约束的抑制影响更大。

本章的研究强调了流动性的重要性,为政府提振消费提供了新的思路。疫情发生以来,国内很多行业受到相当程度的冲击,很大一部分家庭面临收入冲击甚至失业冲击,家庭流动性迅速枯竭,消费持续下滑,导致一季度经济出现负增长。此时,亟须以扩大内需来稳增长,依靠促进消费对冲疫情影响。基于本章的研究,我们认为政府的消费刺激政策应当以加强家庭的流动性为主,对受到疫情冲击的家庭特别是那些面临流动性约束的家庭,进行现金补贴或发放消费券,提高家庭的流动性,刺激居民的消费意愿。在制定政策时要充分考虑到家庭的异质性,对不同类型家庭采取不同政策。例如,对受到疫情冲击的贫穷型 HtM 家庭可以直接给予一定的现金补贴,而对于拥有可观财富的富裕型 HtM 家庭则可以通过市场联动的方式发放消费券。

第六章

家庭债务、消费不足与经济增长

第一节 引　　言

近年来,家庭债务问题已经成为中国经济能否高质量发展的关键要素之一。随着我国房价的高速增长,家庭债务问题日益严重,根据 BIS 数据显示(图 6.1),家庭债务占 GDP 的比重从 2012 年的 29.8％增长到 2019 年的 55.2％。同期,家庭债务占可支配收入之比从 71.5％增长到 123.6％,并在 2020 年保持了继续增长的趋势。即使在新冠肺炎疫情期间,家庭也一直在加杠杆。事实上,自从美国金融危机(又被称为次贷危机)之后,国外学者们已经开始越来越多地关注家庭债务与宏观经济之间的关系,他们发现在金融危机前往往伴随着家庭债务迅速扩张的现象。从国际经验来看,家庭债务无论是短期还是长期均会对家庭行为,特别是消费行为,产生重大影响,从而进一步影响宏观经济的健康运行。国外的经验显示家庭在加杠杆的时候虽然对消费存在刺激作用,但长期会扭曲经济增长(Mian, Sufi, and Verner, 2017)。那么,这一刺激效果在我国是否依然成立呢? 家庭债务过快的增速是否已经对我国的宏观经济产生了影响? 对这些问题的回答不仅可以深化我们对中国家庭债务的累积与影响的理解,更重要的是,通过对这些问题的分析,可以寻找合适的、正确的政策组合,避免不恰当的政策建议,从而从根本上防治系统性金融风险的发生。

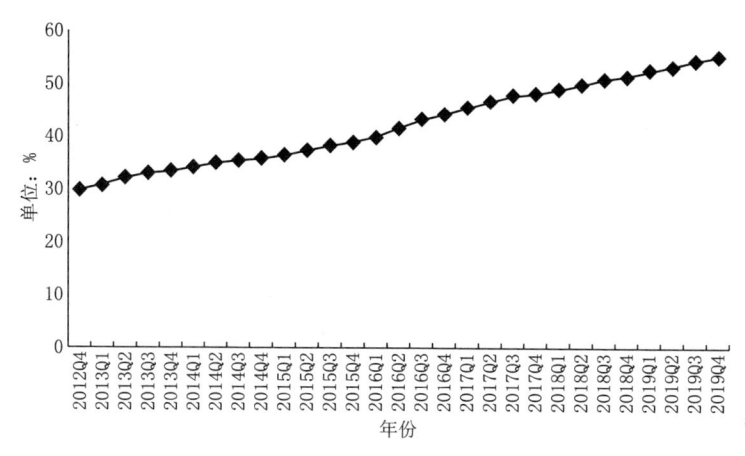

图 6.1　2012—2019 年家庭债务占 GDP 的比重变化趋势图

数据来源:BIS 数据。

从理论上讲,家庭债务的累积不仅会影响家庭消费,进而影响经济增长,而且还会通过其他渠道,如实体投资或房地产市场,影响经济增长。首先,从消费端来看,由于我国房地产市场的特殊国情,即二次抵押市场的不完善,家庭债务的累积更多是削弱家庭的流动性,使得家庭可用于消费的现金流降低,这会降低消费,抑制经济增长。其次,在信贷供给方面,如果家庭中长期贷款增加,则可用于其他投资的贷款就会降低,即家庭债务对其他实体投资产生挤出效应,也就是通常所说的资金不进入实体经济的问题,从而抑制经济增长。但是,另一方面,家庭债务的增加往往伴随着房地产市场的爆发,而这会刺激房地产投资,拉动经济增长。究竟哪一个效应占据主导地位还有待研究,学术界对此也还没有得到一致结论。本章即基于目前的研究基础,探讨我国家庭债务的宏观影响,并且考虑到我国区域发展的不平衡问题,进一步分东、中、西部地区对这一问题进行分析研究。

目前,关于企业债务和政府债务的宏观影响已经有很多经典的研究(钟宁桦、刘志阔和何嘉鑫等,2016;陆婷和余永定,2015;程宇丹和龚六堂,2015;陈诗一和汪莉,2016;毛捷和黄春元,2018),但是,关于家庭债务与经济增长之间的关系尚未得出明确的结论,很多基于跨国数据,分析得出的结论并不能直接套用于中国。由于我国家庭债务飙升也是近几年的事情,因此系统分析中国家庭债务的研究并不多见。本章利用中国 2012—2018 年的省级面板数据,采用文献中常用的家庭债务占 GDP 比值变动和 GDP 增长率这两个经典指标,研究了家庭债务增加对经济增长的影响。从数据上可以看出(图 6.2),家庭债务占 GDP 比值变动与 GDP 增长率呈负向关系。通过进一步的回归分析发现,家庭债务对经济增长具有显著的负向影响,具体而言,家庭债务占 GDP 比重每升高 1 个单位,其会使得经济增速下降 0.611 个百分点,并且在 1% 水平上显著。家庭债务对经济增长的影响具有明显的区域差异性,其中对西部地区经济增长的抑制作用要高于东部和中部地区。

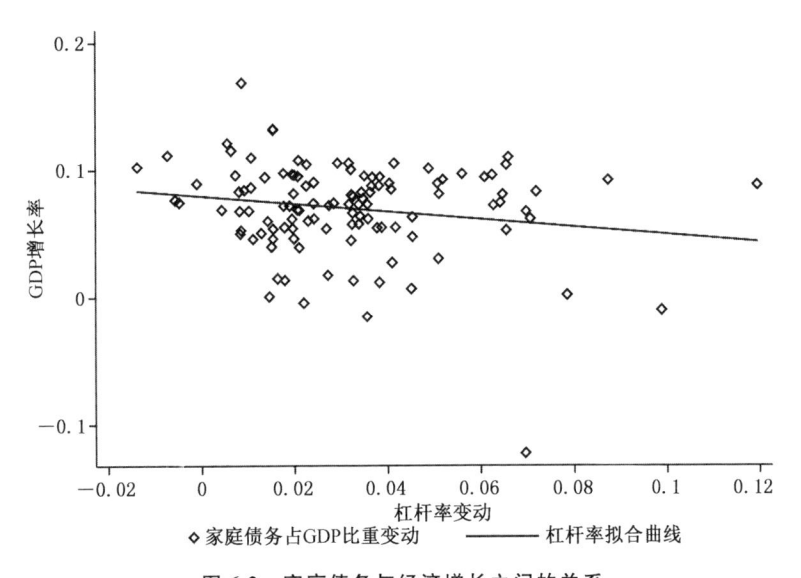

图 6.2 家庭债务与经济增长之间的关系

第六章 家庭债务、消费不足与经济增长

本章的主要贡献在以下三个方面:(1)以往文献较多利用跨国面板数据研究发达国家的家庭债务对宏观经济的影响,分析中国家庭债务宏观影响的研究并不多见。本章直接利用中国省级面板数据,系统分析了家庭债务变动对经济增长的影响,并进一步分析了其影响路径,弥补了这一领域在中国研究的空缺。(2)本章基于区域异质性的视角,分析了家庭债务对东、中、西部地区的宏观影响,发现家庭债务对经济增长的影响具有明显的区域差异性,这也表明在不同的发展阶段,家庭债务对经济增长的影响并不完全一样。(3)本章在估计方法上,首先采用双向固定效应模型进行估计,可有效避免个体异质性引起的内生性问题,提升了估计的精度。并且,在稳健性检验中采用面板因子误差结构模型,进一步利用 Bai(2009)的面板交互固定效应(interactive fixed effect, IFE)方法检验了家庭债务对经济增长的影响,克服了传统的面板回归模型中可能存在的参数不一致问题。

第二节 文献综述

传统的投资理论认为家庭债务变动对于资产价格和宏观经济的影响较小,因此长期以来,国内外学者并没有过多关注家庭债务的变动对宏观经济的影响。但是,自从美国金融危机之后,国际上关于家庭债务影响的研究逐渐丰富起来。

目前,国外对家庭债务的研究已经形成了较为成熟的理论体系,很多文献从家庭债务和经济周期之间的关系进行研究,认为家庭债务的增加在短期内会刺激消费,但长期内将成为负担,一旦受到负面冲击的影响,就会严重拖累经济增长。家庭债务对宏观经济的影响主要体现在会放大其他影响经济增长的冲击作用。例如,当一个负面冲击影响到经济基本面时,家庭债务的存在使得经济体调整困难,进一步影响经济增长。Cynamon and Fazzari

(2008)分析了1980年以来美国家庭债务的发展情况,认为尽管强劲的消费缓解了衰退并促进了增长,但是前所未有的家庭债务最终会导致经济危机,从而引起更严重的经济衰退。Kim(2011)认为短期内家庭债务增加虽能促进宏观经济增长,但是长期内家庭债务的扩张与经济增长负向相关。Chmelar(2013)研究了家庭债务与欧洲经济危机的关系,认为家庭债务虽然不是危机的核心,但对宏观经济稳定、增长的稳健性和衰退的深度具有重要影响。Jordà, Schularick, and Taylor(2016)发现抵押贷款的增长是造成发达经济体金融脆弱、宏观经济不稳定的根源。金融危机前抵押贷款占GDP的比重呈现显著上升的现象,这一现象可以预测金融危机发生的可能性以及之后经济衰退程度。Mian, Sufi, and Verner(2017)利用30多个国家的数据研究了家庭债务和经济周期之间的关系,发现过去三年内家庭债务占GDP的比重每升高1%,则会使得未来三年经济增速降低0.3%,并且家庭债务占GDP比重的增加预示着失业率的增加和产出增长的下降,意味着经济不景气。Schularick and Taylor(2012)利用美国、加拿大等14个国家1870—2008年间的历史数据研究了信贷波动可能在宏观经济中发挥的作用,发现前期的信贷可以部分预测后期金融危机发生的可能性。Lopez-Salido, Stein, and Zakrajsek(2017)利用美国长期时间序列数据研究发现,信贷市场情绪在过去两年内上升,则会使得未来一年和两年的经济活力下降。

国内越来越多的学者也从不同角度研究了债务周期特别是家庭债务与宏观经济之间的关系。李扬、张晓晶和常欣等(2012a, 2012b)研究发现,虽然中国的全社会杠杆率(即总债务/GDP)没有一个最佳水平,但随着杠杆率的提升,风险确实在不断积累,因此,如果达到一定程度,就可能导致经济危机的产生。马勇、田拓、阮卓阳和朱军军(2016)利用跨国数据研究了金融杠杆、经济增长与金融稳定之间的关系。马勇和陈雨露(2017)进一步对金

第六章 家庭债务、消费不足与经济增长

融杠杆及其波动对经济增长的影响进行了研究,发现金融杠杆和经济增长之间存在显著的倒"U"形关系,即随着金融杠杆水平的提高,经济增速会先升高后降低。杨攻研和刘洪钟(2015)利用OECD国家的数据考察了政府债务和私人债务对经济增长的影响,文中将私人债务进一步细分为家庭债务和企业债务,结果发现企业债务的增加会显著抑制经济增长,而家庭债务对经济增长并没有显著的作用效果。郭新华、张思怡和刘辉(2015)利用1997—2013年的数据研究了信贷约束、家庭债务与中国宏观经济波动之间的关系。短期来看,宽松的借贷约束增加了家庭债务,促进了经济增长,然而从长期来看,宽松的借贷约束会导致家庭债务过高,从而阻碍经济增长。田新民和夏诗园(2016)利用2000—2012年的宏观经济数据,运用VECM模型研究了中国家庭债务、消费和经济增长之间的关系,研究发现这三者之间存在长期均衡关系,短期内家庭债务可促进国内生产总值的提高,但长期内家庭债务的膨胀不利于国内生产总值的提高。袁歌骋和童晶(2019)利用1960—2016年的跨国数据研究了家庭部门债务变动对经济未来增长的金融稳定的影响,认为家庭部分债务的扩张会导致未来经济增速放缓,同时引起金融不稳定性,从而加大金融危机发生的可能性,并且,相比发展中国家,家庭部门债务扩张对发达国家的负面影响更大。

综观上述文献,虽然家庭债务的宏观影响在国际上已经得到丰富的研究,但主要采用跨国面板数据,虽然可以为中国经济发展提供借鉴,但直接利用中国数据进行分析的研究并不多见。并且由于中国房地产二次抵押贷款市场发展不平衡的特殊性,家庭债务的分析只是散见于房价如何影响经济运行的研究中,而对家庭债务本身没有引起足够的重视。随着家庭债务的累积,其宏观影响会进一步显现,对其重要性的理解会越来越受到重视。本章即在国内外研究经验及结论的基础上,以中国各地区2012—2018

年的省级面板数据为样本,利用双向固定效应模型和面板因子误差结构模型,在控制了个体异质性和内生性的情形下,研究了家庭债务对经济增长的影响,并基于区域异质性的视角进行了深入分析,弥补了这一领域在中国研究的空缺。

第三节 数据和模型

一、模型设定

本章首先使用面板双向固定效应模型,来考察宏观层面家庭债务对经济增长的影响,通过构造家庭债务变动值来考察家庭债务的宏观影响。一个省份的宏观经济运行与很多因素都密切相关,其中既包括可以观测到的因素(例如省份发展水平、产业结构),也包括省份固有的不可观测的因素。倘若遗漏这些不可观测的因素,则会导致模型的内生性问题,从而使得估计产生偏误。固定效应模型的优势在于,可以通过差分的方法控制住与时间无关的不可观测的省份层面的异质性,从而减少由不可观测因素带来的偏误。本章的基准模型如下:

$$\Delta y_{it}=\beta_0+\beta_1\times\Delta debt_{it}+\beta_2\times X_{it}+\alpha_i+year_t+u_{it} \quad (6.1)$$

其中,y_{it} 表示人均 GDP 的对数;Δy_{it} 表示本章关注的 GDP 增长率;i 是个体维度,表示省份;t 是时间维度;$debt$ 表示家庭债务指标,用家庭债务占 GDP 比重衡量;$\Delta debt$ 表示家庭债务前后两期的变动;X_{it} 为其他控制变量,主要包括省份城镇人口比例、房价增长率、工业化水平、老年抚养比、少儿抚养比等。此外,本章还控制了年份固定效应 $year_t$ 和省份固定效应 α_i,u_{it} 是误差项。模型(6.1)中 β_1 是我们关注的系数,$\beta_1>0$ 表示家庭债务对经济增长有正向的影响,反之,家庭债务则抑制了经济增长。

第六章 家庭债务、消费不足与经济增长

考虑到我国区域发展差异巨大,家庭债务对经济增长可能存在区域异质性,本章进一步研究了家庭债务对不同区域的影响。具体估计时,我们通过控制 $\Delta debt$ 与东、中、西分组(东 east、中 central、西 west)的交叉项来估计家庭债务变动对不同区域影响的差别。我们采用如下模型:

$$\Delta y_{it} = \gamma_0 + \gamma_1 \times \Delta debt_{it} + \gamma_2 \times \Delta debt_{it} \times central_i + \gamma_3 \times \Delta debt_{it} \times west_i + \gamma_4 \times X_{it} + \alpha_i + year_t + v_{it} \qquad (6.2)$$

其中,$central_i$ 表示中部的虚拟变量,$west_i$ 表示西部的虚拟变量,东部地区作为参照组,系数 γ_2 和 γ_3 的值反映家庭债务对东、中、西部地区经济增长影响的差别。

上述固定效应模型中 $year_t$ 所表示的个体共同因子在模型中对于不同个体存在相同的效应,无法考察共同因素对于个体影响的异质性。因此,稳健性检验中,本章类似于 Bai(2009)在面板数据模型中引入了时间和个体的交互效应,以反映个体对共同因素的反应差异。具体而言,在模型(6.1)中引入共同因子之后,模型可写为:

$$\Delta y_{it} = \beta_0 + \beta_1 \times \Delta debt_{it} + \beta_2 \times X_{it} + \alpha_i + year_t + u_{it}$$
$$u_{it} = \lambda_{i1} f_{1t} + \lambda_{i2} f_{2t} + \cdots + \lambda_{ir} f_{rt} + e_{it} = \lambda_i' f_t + e_{it} \qquad (6.3)$$

其中,$f_t = (f_{1t}, f_{2t}, \cdots, f_{rt})'$ 代表 r 维的不可观测共同因子,表示不可测度的非量化社会共同因素,例如,各地区共同面对的法律、政策、文化或社会意识等(杨继生、徐娟和吴相俊,2013)。$\lambda_i = (\lambda_{i1}, \lambda_{i2}, \cdots, \lambda_{ir})'$ 为因子载荷向量,反映共同因素对第 i 个地区的影响程度。假定不可观测共同因子数量 r 相对于截面个体数量 N 是某个相对固定数,且 $r \ll N$。关于参数 β 的估计,具体细节可参考 Bai(2009),他提出了一种迭代算法,通过最小二乘估计和主成分分析法进行计算。本章采用 Stata 软件的 regife 程序包进行估计,该程序包由 Matthieu Gomez 公开发布。

同理,模型(6.2)加入共同因子结构之后,修正后的模型如下:

$$\Delta y_{it} = \Delta y_{it} = \gamma_0 + \gamma_1 \times \Delta debt_{it} + \gamma_2 \times \Delta debt_{it} \times central_i + \gamma_3 \times \Delta debt_{it} \\ \times west_i + \gamma_4 \times X_{it} + \alpha_i + year_t + \lambda_i' f_t + \xi_{it} \quad (6.4)$$

二、数据和变量

本章使用的数据主要来自国家统计局公布的支出法 GDP,家庭债务数据来自央行各地方分行的官方网站,遗漏变量则根据各省统计年鉴补齐,即使这样,很多数据仍然无法搜集到。为了保证面板数据的完整性,尽量不在样本上产生选择偏误,同时考虑到最近一段时间家庭债务才发生快速增长,本章采用的时间段是 2012 年之后。另外,各省份城镇化率、房价增长率、第二产业增加值、老年人抚养比、少儿抚养比等数据来源于各省的统计年鉴。在实证分析中,由于 2018 年之后,部分解释变量尚未公布,因此本章采用的样本区间为 2012—2018 年。由于使用的是面板固定效应模型进行分析,因此,在分析时我们去掉了只有一期的数据,同时,为了免除异常值的影响,剔除了西藏自治区。

本章主要关心的被解释变量是经济增长率($dgdp$),构造时采用人均 GDP(取对数)的变动,即本期人均 GDP 的对数与上一期人均 GDP 对数之差。此外,在机制检验中,本章还考虑了企业债务增长率($dbuss\_debt$)和消费增长率($dcon$),其中 $dbuss\_debt$ 采用本期企业债务与上一期企业债务对数之差计算;$dcon$ 采用本期居民消费的对数与上一期居民消费对数之差计算。

本章的核心解释变量是家庭债务占 GDP 比值的变动($dgdp$),采用本期家庭债务占 GDP 的比值与上期之差计算。在实证分析中,我们还加入了表示省份其他特征的变量,主要包括:①城市化水平变动($durban$),采用省内城镇人口占总人口的比重变动计算;②房价变动比率($dlprice$),采用省内房价变动率计算;③工业化水平变动($dsec\_gdp$),采用省内第二产业增加值占总增加值比例变动;④老年人抚养比变动($dold$),采用省内65岁以上人数除以15—64岁劳动人口数的变动计算;⑤少儿抚养比变动($dyoung$),采用省内14岁以下人数除以15—64岁劳动人口数的变动计算。

表6.1给出了变量的统计性描述。不难看出,平均意义上看,衡量经济增长率的均值为0.071,其标准差为0.034,最大值(0.169)和最小值(-0.122)之间相差较大,表明不同省份间经济增长率变动较大。衡量消费增长率、家庭债务占GDP比率变动的指标也表现出类似的特点,侧面说明我国区域发展差异巨大。省份城镇化率变动为0.012,标准差也较小,表明样本区间内城镇化比率变动较小。衡量工业化水平变动、房价增长率变动的指标均有正有负,标准差也较大,表明不同省份的工业化水平和房价波动存在着较大差异。此外,老年人抚养比变动和少儿抚养比变动均值和方差均较小,表明不同省份间老年人抚养比和少儿抚养比变动的差异较小。

表6.1 变量描述性统计

变量	N	均值	中位数	标准差	最小值	最大值
$dgdp$	136	0.071	0.074	0.034	-0.122	0.169
$dcon$	119	0.105	0.107	0.016	-0.002	0.285
$dbuss\_debt$	94	0.090	0.096	0.040	-0.139	0.174
$dhhdebt$	136	0.032	0.030	0.023	-0.022	0.119
$durban$	136	0.012	0.012	0.004	-0.001	0.022
$dlprice$	136	0.082	0.074	0.064	-0.044	0.265
$dpinvest$	136	-0.016	-0.013	0.022	-0.107	0.051
$dsec\_gdp$	136	0.557	0.500	0.973	-1.940	4.050
$dold$	136	0.232	0.300	1.157	-3.010	3.430
$dyoung$	136	0.032	0.030	0.023	-0.022	0.119

注:$dold$和$dyoung$单位为百分比(%)。由于2017年之后,本章采用的表示居民消费增长率的变量$dcon$缺失较多,同时表示企业债务水平的变量$dbuss\_debt$在2015年之后才开始统计,这两个变量样本量低于其他解释变量。

第四节 实 证 分 析

一、家庭债务对经济增长的影响

我们首先来看基准模型的估计结果。表6.2的第1—2列报告了随机效应模型(RE)的估计结果,第3—4列报告了固定效应模型(FE)的估计结果。从表6.2的结果不难看出,无论利用哪种估计模型,家庭债务对经济增长均具有显著的负向影响。利用豪斯曼检验(Hausman test)分析随机效应模型和固定效应模型的适用性,由于拒绝了随机效应模型假设,[1]因此下面将以固定效应模型的结果为主进行解释分析。

从表6.2的结果可以看出,在控制了其他因素的情况下,平均而言,家庭债务占GDP比重每升高1个单位,其会使得经济增速下降0.611个百分点,并且在1%水平上显著,说明家庭债务确实抑制了经济增长。

在其他解释变量方面,我们发现房价增长率显著提高了地区的经济增长,这主要是由于房价的上涨会刺激房地产市场的发展,从而促进了经济增长,但房价上涨对经济增长作用的阶段性与可持续性还有待进一步探讨。工业化水平对经济增长有显著的促进作用,这也表明发展实体经济对整体经济增长具有重要的拉动作用(毛捷和黄春元,2018);城镇化水平、少儿抚养比和老人抚养比则对经济增长的影响不显著。

上述分析表明,就我国目前的家庭债务水平而言,已经严重影响到宏观经济的健康运行。究其原因,一方面可能是家庭债务

---

[1] 我们利用Hausman test得到的F统计量为26.76,在5%的显著性水平下拒绝了原假设,说明随机效应模型的假设条件不满足,也就是说不可观测的固定效应与模型中其他解释变量存在相关关系。

的累积收紧了家庭流动性约束,降低了总需求,居民消费下降,进而影响经济增长;另一方面,家庭债务累积的负面效应可能还会传导到其他部门,尤其是企业部门。这主要由于我国企业主要靠银行贷款融资,当居民总需求下降时,企业的销售业绩也会相应下降,从而面临融资约束加大的情况,此时企业更可能通过增加借贷来维持经营,而由于我国信贷资源有限,家庭债务的增加势必挤出企业信贷,减少企业现金流,降低企业活力,从而拖累经济增长。

表 6.2 家庭债务对经济增长的影响

变 量	被解释变量:GDP 增长率			
	RE	RE	FE	FE
家庭债务占比变动	−0.448***	−0.373***	−0.589***	−0.611***
	(0.154)	(0.112)	(0.185)	(0.169)
$durban$		0.727		−0.814
		(0.777)		(0.725)
$dlprice$		0.070		0.114*
		(0.064)		(0.062)
$dsec\_gdp$		0.604***		0.388**
		(0.171)		(0.158)
$dold$		−0.002		−0.002
		(0.002)		(0.002)
$dyoung$		−0.000		−0.001
		(0.002)		(0.001)
地区固定效应	是	是	是	是
年份固定效应	是	是	是	是
N	136	136	136	136
Number of pro	29	29	29	29
Within-R^2	0.401	0.483	0.411	0.531

注:括号内为标准误;符号 *、**、*** 分别指在 10%、5%和 1%的显著性水平上显著;常数项估计省略。

二、家庭债务对经济增长区域差异性分析

上一节的分析表明,家庭债务总体上会显著降低经济增长增速,那么这一结论对于不同的地区是否有所不同呢？这主要是考虑到中国地区间发展极不平衡,有些地区发展程度较高,有些地区发展程度低,导致家庭债务在不同地区对经济增长的影响也可能不同。接下来我们将讨论家庭债务对经济增长的影响是否具有区域差异性。具体而言,东部包括北京、天津、河北、上海、江苏、浙江、福建、山东、广东、海南；中部包括山西、安徽、江西、河南、湖北、湖南；西部包括内蒙古、广西、重庆、四川、贵州、云南、陕西、甘肃、宁夏、新疆。如模型(6.2)所示,本章对区域异质性的分析是通过设置家庭债务占 GDP 的比值和区域虚拟变量的交互项实现的,并不是针对不同地区进行子样本回归,以避免分样本后样本量过少的问题。通过设置交互项,本章在一次回归中就能估计出东、中、西部地区的家庭债务对经济增长的不同影响,并进行对比分析,回归结果如表 6.3 所示。可以看出,家庭债务对经济增长的影响具有明显的区域差异性,家庭债务变动和 west 的交叉项显著为负,表明家庭债务对西部地区经济增长的抑制作用要高于东部地区,而对中部地区经济增长的抑制作用虽然在数值上比东部要大,但是统计上并不显著。具体而言,家庭债务每上升 1 个百分点,其对西部地区经济增长的抑制作用要大 0.948 个百分点。

以上的结果表明,家庭债务对经济增长的影响效应存在显著的区域差异性。下面从家庭债务影响经济增长的途径来分析产生这一结果的原因。家庭债务对东部地区虽然有显著的负向影响,但明显低于基准模型(6.1)中的数值大小,这可能是由于东部地区省份大都属于发达阶段,房地产市场比较发达,因此虽然东部地区家庭债务的增加会削弱消费,降低消费对经济的拉动作用,但同时东部地区由于发展较快、房价较高,家庭债务同时会

第六章 家庭债务、消费不足与经济增长

表 6.3 家庭债务对不同地区经济增长的影响

变量	被解释变量:GDP 增长率			
	RE	RE	FE	FE
家庭债务占比变动	−0.165	−0.206*	−0.056	−0.214*
	(0.111)	(0.108)	(0.128)	(0.117)
家庭债务占比变动×中部	−0.110	−0.041	−0.698	−0.587
	(0.252)	(0.198)	(0.564)	(0.484)
家庭债务占比变动×西部	−0.705***	−0.548**	−1.079***	−0.948***
	(0.271)	(0.228)	(0.346)	(0.270)
$durban$		1.142		−0.345
		(0.893)		(0.994)
$dlprice$		0.086		0.114**
		(0.059)		(0.049)
$dsec\_gdp$		0.451***		0.162
		(0.150)		(0.133)
$dold$		−0.003		−0.002
		(0.002)		(0.001)
$dyoung$		−0.000		−0.001
		(0.001)		(0.001)
地区固定效应	是	是	是	是
年份固定效应	是	是	是	是
N	136	136	136	136
Within-R^2	0.496	0.551	0.495	0.568
Number of pro	29	29	29	29

注:括号内为标准误;符号 *、**、*** 分别指在 10%、5%和1%的显著性水平上显著;常数项估计省略。

刺激房地产市场的发展,也会从一定程度上拉动经济增长,从而抵消一部分家庭债务对经济增长的抑制作用。家庭债务对中部地区经济增长的影响与东部并没有显著差别,这可能是由于近年来中部地区经济不断崛起,居民收入水平不断提高,在各个方面均处于不断追赶东部地区的阶段,其与东部地区的差距越来越小,因此二者之间没有显著差异。而西部地区大都处于欠发达阶段,整体收入水平偏低,信贷市场也不如东部和中部发达,家庭债务的增加导致家庭流动性约束收紧,从而使得消费下降,并且西部地区房地产市场也不发达,无法通过刺激房地产市场部分抵消家庭债务的负向影响,从而导致家庭债务对经济增长的抑制作用最大。

三、稳健性检验

前文中,我们主要采用固定效应模型估计家庭债务对经济增长的影响,接下来我们引入因子误差结构以控制不可观测共同因素的异质性影响。我们利用Bai(2009)的估计方法检验家庭债务增长对经济增长的抑制作用,来验证基准结果的稳健性。表6.4汇报了加入共同因子后模型的估计结果,第1—2列采用模型(6.3)进行估计,第3—4列采用模型(6.4)进行估计。由于Bai(2009)的估计方法假定共同因子个数γ是已知的且通常比较小,本章参照王永水和谢婼青(2018)的研究,采用一个简单的准则进行判断,即$\gamma_{max}=[\min\{\sqrt{N},\sqrt{T}\}]$,这里$[x]$表示对$x$进行取整的函数,根据我们的样本选择可知$\gamma_{max}=2$。为了稳健起见,我们分别汇报了$\gamma$取不同值时的回归结果,各列的回归模型经过迭代后都快速地达到收敛。结果表明,家庭债务增多均显著抑制了经济增长,并且家庭债务变动在不同地区对经济增长的抑制作用有所不同,对东部和中部地区抑制作用显著低于西部地区,这与前面基准分析的结果一致。

表6.4 稳健性检验(带交互固定效应的回归结果)

	(1) $\gamma=1$	(2) $\gamma=2$	(3) $\gamma=1$	(4) $\gamma=2$
家庭债务占比变动	−0.589*** (0.140)	−0.394** (0.144)	−0.126 (0.193)	−0.267 (0.274)
家庭债务占比变动×中部			−0.292 (0.619)	−0.157 (0.548)
家庭债务占比变动×西部			−0.809*** (0.250)	−0.730** (0.334)
控制变量	是	是	是	是
地区固定效应	是	是	是	是
年份固定效应	是	是	是	是
N	136	136	136	136
是否收敛	是	是	是	是
RMSE	0.019	0.013	0.017	0.013

注:括号内为标准误;符号*、**、***分别指在10%、5%和1%的显著性水平上显著;控制变量同表7.2,常数项估计省略。

第五节 家庭债务影响经济增长的路径分析

前文的分析表明家庭债务确实显著抑制了经济增长,本节主要分析家庭债务影响经济增长的路径,分析导致这一结果的成因。从消费端来看,可能是家庭债务降低了居民总需求,挤出了消费,从而拉低了宏观经济增长。事实上,关于家庭债务是否会挤出消费并未得出一致结论,部分学者认为家庭债务对流动性的挤压确实使得总需求降低,抑制家庭消费,但也有学者认为家庭债务的增加放松了当前预算约束,家庭会更好地配置资源,从理论上刺激了家庭消费。那么,在中国的数据中,家庭债务对消费的效应究竟是挤出还是挤入占据主导呢？其是否拖累了经济增长呢？考虑到我国信贷资源有限，家庭债务的增加可能挤出企业信贷，收紧企业信贷约束，从而传导到宏观经济中，抑制经济增长。在这一部分，我们利用省级层面的居民消费和企业信贷数据，分别从家庭债务影响居民消费和企业债务两个不同途径，分析产生这一结果的影响机制。

首先，本章从消费端视角考察家庭债务变动对消费增长率的影响，采用如下模型进行估计：

$$\Delta c_{it} = \delta_0 + \delta_1 \times \Delta debt_{it} + \delta_2 \times X_{it} + \alpha_i + year_t + \zeta_{it} \quad (6.5)$$

其中，c_{it}表示一省的居民消费；Δc_{it}定义为一省的居民消费增长率，采用本期居民消费对数与上一期居民消费对数之差计算；$\Delta debt_{it}$为家庭债务占GDP比例的变动；X_{it}为其他控制变量，与模型(6.1)中一致。表6.5报告了上述模型的回归结果。由表6.5中

表6.5 家庭债务对居民消费的影响

变 量	被解释变量：消费增长率(dcon)			
	RE	RE	FE	FE
家庭债务占比变动	−0.352*	−0.259	−0.580**	−0.574**
	(0.203)	(0.220)	(0.229)	(0.270)
控制变量	否	是	否	是
地区固定效应	是	是	是	是
年份固定效应	是	是	是	是
N	119	119	119	119
Within-R^2	0.128	0.157	0.236	0.237
Number of pro	29	29	29	29

注：符号 *、**、*** 分别指在10%、5%和1%的显著性水平上显著；控制变量同表6.2，常数项估计省略。

第 4 列固定效应模型的结果可知,家庭债务占比每升高 1 个单位,居民消费增长率下降 0.574 个百分点,且在 5% 水平上显著。我们发现,我国家庭债务的累积并不能同美国 2002—2008 年间的情况一样来带消费的增长,引领经济的复苏,究其原因,可能是由于在住房净值贷款发达的国家,家庭债务增加会刺激消费,降低会削弱消费,但是中国却有着特殊的环境,即住房净值贷款发展缓慢,住房的财富效应或者抵押效应得不到有效发挥。但是按揭贷款,这一家庭债务的主要组成成分的流动性问题却显现出来,按揭贷款的每月还款额势必会影响家庭消费。

其次,本章从家庭债务影响企业债务的视角进行分析,采用如下固定效应模型进行估计:

$$\Delta \log buss\_debt_{it} = \theta_0 + \theta_1 \times \Delta \log debt_{it} + \theta_2 \times X_{it} + \alpha_i + year_t + \varepsilon_{it} \tag{6.6}$$

其中,$buss\_debt_{it}$ 表示一省的企业债务,采用 Wind 数据库中"非金融企业及机关团体境内的贷款"这一变量表示;$\Delta \log buss\_debt_{it}$ 表示企业债务增长率,构造时采用本期企业债务的对数与上一期企业债务对数之差计算;$\Delta \log debt_{it}$ 为家庭债务增长率,采用本期家庭债务的对数与上一期家庭债务对数之差计算;X_{it} 为其他控制变量,与模型(6.1)中一致,表 6.6 报告了上述模型的回归结果。由于本章所采用的企业债务这一变量从 2015 年才开始统计,表 6.6 中第 1 列和第 3 列的样本区间为 2015—2019 年,在给定控制变量之后,由于 2019 年部分控制变量尚未公布,样本区间为 2015—2018 年,因此表 6.6 在加入控制变量前后样本数量有所不同。可以看出,在控制了其他变量之后,无论何种模型,家庭债务增长率对企业债务增长率均是负向影响。由第 4 列固定效应模型的结果可知,家庭债务增长率每升高 1 个单位,企业部门债务增长率下降 0.157 个百分点,且在 10% 水平上显著。

表 6.6　家庭债务对企业债务的影响

变　量	被解释变量:企业债务增长率($dbuss\_debt$)			
	RE	RE	FE	FE
家庭债务增长率	−0.169***	−0.123	−0.202**	−0.157*
	(0.061)	(0.082)	(0.102)	(0.092)
控制变量	否	是	否	是
地区固定效应	是	是	是	是
年份固定效应	是	是	是	是
N	94	69	94	69
Within-R^2	0.124	0.106	0.126	0.125
Number of pro	24	23	24	23

注:符号 *、**、*** 分别指在 10%、5%和 1%的显著性水平上显著;控制变量同表 7.2,常数项估计省略。

上述的分析表明,家庭债务对经济增长的影响途径主要通过两方面。一方面,由于我国房屋净值贷款市场的缺失,家庭增加债务主要还是用来买房,而并不是通过贷款进行消费,因此,家庭债务的累积更多的是削弱家庭的流动性,使得家庭可用于消费的现金流降低,抑制消费增长率,从而影响消费对经济的拉动作用;另一方面,家庭债务对消费的挤出作用不仅局限于家庭,还会传导到其他部门,特别是企业部门,这是由于我国企业主要靠银行贷款融资,在整体信贷资源有限的情况下,家庭债务的增加势必会挤压企业信贷,使得企业信贷约束收紧,减少企业现金流,降低企业活力,从而抑制经济增长。

本 章 小 结

随着经济放缓、居民可支配收入增速持续下滑,家庭债务问题日益严重,在这一背景下,研究家庭债务对宏观经济的影响作

第六章　家庭债务、消费不足与经济增长

用,对于充分发挥家庭债务在促进经济增长方式转变和结构调整中的积极作用具有重要的意义。本章采用我国省级面板数据,研究了家庭债务变动与经济增长率之间的关系,并进一步从区域异质性的视角,研究了不同地区家庭债务变动对经济增长的影响。本章研究的结论如下:(1)家庭债务对经济增长具有显著的抑制作用,已经影响到宏观经济的健康运行,平均而言,家庭债务占GDP比重每升高1个单位,会使得经济增速下降0.611个百分点。(2)家庭债务对经济增长的影响具有显著的异质性,与东部和中部地区相比,家庭债务对西部地区经济增长的抑制作用最大,这主要是由于西部地区大部分省份处于欠发达阶段,金融信贷市场发展程度也较低,因此,相较东、中部这些较为发达的省份,家庭债务对西部地区的宏观经济增长抑制作用更为严重。(3)家庭债务影响经济增长主要通过两个途径,一是由于房屋净值贷款的不发达,家庭财富效应不能有效发挥,导致利用家庭债务来刺激消费的通道的缺乏。因此,从消费端来看,家庭债务收紧了居民流动性约束,挤出了消费,拖累了经济增长。二是家庭债务的累积不仅局限于家庭,还会传导到其他部门。由于我国企业主要靠银行贷款融资,但是整体信贷资源有限,家庭债务的增加无疑会挤出企业信贷,收紧企业信贷约束,从而传导到宏观经济中,抑制经济增长。

新冠肺炎疫情发生以来,随着复工复产的全面展开,生产端恢复较快,然而需求端的恢复相对缓慢。基于本章的研究,我们建议政府需要在家庭层面给予更多的补贴政策,降低家庭债务。对此,可以采取如下措施:

第一,对于受到疫情冲击的家庭给予救助、补贴,刺激居民的消费意愿。疫情的发生使得很多家庭面临收入冲击甚至失业冲击,许多家庭流动性迅速收紧,家庭杠杆率增加,极大地抑制了总需求。考虑到由于疫情暴发导致大量家庭收入骤降,很多家庭甚至失去收入来源,家庭的消费支出大幅降低,建议政府对于在疫情中受到严重冲击的家庭应给予一定的现金或消费券补贴,其中,对于在此次疫情中受到冲击的低收入家庭可以给予现金补贴,保证其基本生活水平,对于中等及以上收入水平的家庭则以发放消费券为主刺激消费。

第二,提高就业质量和收入水平,增加劳动力市场活力,从而增强家庭抗风险能力和债务偿还能力。自新冠肺炎疫情暴发之后,劳动力市场发生大幅震荡,居民的预期收入有很大的不确定性,在后疫情时代,保就业成为政府工作的重点。政府在解决劳动者就业问题的同时,更应该注重劳动力市场活力的提升,积极提供职业培训机会,提高底层群体的就业与收入,从而提高人力资本水平,达到提高就业质量和收入水平的效果。同时,对于发达程度低的西部地区,政府可以通过发展数字经济、产业转移等手段加快区域产业结构调整,促进产业转型升级,通过发展产业提供更多的就业机会,进而提高整个地区的经济增长水平。

第三,加快完善公共服务体系,尤其提高政府在医疗、教育和社会保障等方面的支出比重,降低居民的预防性储蓄动机,为居民消费提供动力。我国公务服务体系日趋完善,但与西方国家仍存在一定差距,尤其在养老和医疗保障体系方面,只有进一步健全完善养老、医疗保障体系,才能解决居民的后顾之忧,从而刺激家庭的消费,拉动经济增长。

第四,完善住房金融政策,避免因为房价上涨而导致的家庭债务快速扩张。随着房价的快速上涨,房贷已经成为家庭债务中很大的一部分,特别是近些年来加杠杆买房的"房奴"群体。但是,由于我国住房净值贷款发展缓慢,家庭债务的提升对消费更多的是挤出效应,而发达国家则由于其住房净值贷款发达,家庭债务增加反而会刺激消费。因此,建议政府加大建立稳健的住房金融政策,建立专门的住房保障金融机构,尤其为中、低收入群体提供住房保障,充分发挥住房金融在居民消费方面的积极作用。

第七章

养老保险缴费对收入不平等的影响效应

第一节 引 言

2008年金融危机以来,伴随着中国经济增速的下降,企业经营困难的问题越来越严重,如何降低企业运营成本、恢复企业经营活力成为提振中国经济的关键。在企业的经营成本中,员工的社会保障支出,特别是养老保险支出占据了大部分。① 因此,降低养老保险缴费,给企业松绑势在必行。基于此,国务院总理李克强在2019年的《政府工作报告》指出,2019年要"明显降低企业社保缴费负担。下调城镇职工基本养老保险单位缴费比例,各地可降至16%"。降低企业养老保险缴费率,一方面可以降低企业成本,增加企业员工收入;另一方面由于不同企业员工收入不同,降低企业养老保险缴费率还会产生收入分配效果。而收入分配问题一直是人民群众最为关心的问题。根据国家统计局的数据显示,伴随着中国经济的增长,基尼系数这一代表收入差距的指标在持续上升(Ding and He, 2018),直到2009年以来才有所下降,但始终高于0.4的国际警戒线,并且从2016年再次开始上升。收入差距的不断增大,已经严重影响到经济的健

---

① 根据我国养老保险政策的规定,个人需缴费8%,企业需缴费20%,与此相对应,美国的缴费率只有10%左右。

康运行。①习近平总书记在十九大报告中指出,"我国社会主要矛盾已经转化为人民日益增长的美好生活需要和不平衡不充分的发展之间的矛盾",而收入差距的居高不下就是不平衡不充分的主要表现之一。

养老保险缴费率的调整是否真的具有再分配作用？降低养老保险缴费率是提高还是降低了收入差距？现有文献对该问题的回答一直存在许多争议。很多学者认为养老保险对收入不平等的调节有积极的作用,降低了社会收入差距(Ferrarini and Nelson, 2003; Jesuit and Mahler, 2004; Conde-Ruiz and Profeta, 2007;何立新、封进和佐藤宏,2008;王晓军和康博威,2009;王延中、龙玉其、江翠萍和徐强,2016),但也有不少学者认为养老保险对收入分配的调节作用有限,甚至存在着逆向调节效果(王小鲁和樊纲,2005;彭浩然和申曙光,2007;宋晓梧,2012;王茂福和谢勇才,2012)。可见,目前学术界对养老保障制度在收入分配中调节作用存在较大分歧,亟须对其效果进行分析。

现有文献在探讨养老保险制度或其他政策的收入分配效应时,通常采用 MT 指数法,②即比较引入政策前后家庭收入基尼系数的大小。如果引入政策后基尼系数变小,则说明政策具有调节收入差距的效果,会降低收入不平等,反之则说明政策扩大了收入不平等。但是,如果要分析养老保险制度的某一维度(如养老保险缴费)的收入分配效果,仍然采用该方法在实证上具有一定的局限性。这是因为,首先,该方法在分析某一项政策影响时无法控制其他因素的作用,即如果我们分析养老保险缴费率的收入

---

① 例如在微观上收入差距会影响家庭消费(杭斌和修磊,2016),影响居民身体健康(周广肃、樊纲和申广军,2014),影响家庭贫困(刘一伟和汪润泉,2017),在宏观上降低经济增长率(钞小静和沈坤荣,2014),推动房地产泡沫(徐舒和陈珣,2016)。

② 徐静、蔡萌、岳希明(2018)则探讨了采用其他方式修正 MT 指数法,从而更精确地估计政府补贴的收入分配效应。

第七章　养老保险缴费对收入不平等的影响效应

分配效果,则养老保险的覆盖率、替代率等其他可能影响收入差距的因素就无法有效地被隔离开;其次,该方法通常采用基尼系数作为收入不平等的度量,而不能采用收入的对数方差(variance of log)、P50/P10(收入的 50 分位数与 10 分位数之比)、P90/P50(收入的 90 分位数与 50 分位数之比)以及 P90/P10(收入的 90 分位数与 10 分位数之比)等目前常用的其他收入差距的度量,不能保证结果的稳健性;第三,该方法无法控制地区固定效应等其他可能影响收入差距的因素。基于此,我们利用中国城镇住户调查数据(Urban Household Survey, UHS)中个体居住地的信息,构造出城市层面收入不平等和养老保险的各项指标,并通过与城市层面宏观数据相匹配来控制其他宏观因素的影响,在控制城市与时间固定效应的基础上,分析养老保险缴费的收入分配效应。具体而言,我们利用 UHS 构造城市面板数据、利用面板固定效应模型估算了养老金缴费率对收入差距的影响,并且针对 2005 年养老保险改革这一自然实验(Natural Experiment),借鉴双重差分模型的思路,评估了养老金改革对收入分配的效果。

我们的研究发现,中国养老保险缴费存在逆分配效果,即整体上扩大了收入差距,但在 2005 年养老保险改革后这一逆分配效果有所降低(如图 7.1 所示)。具体而言,个人的养老保险缴费率每提高 1 个百分点,则收入差距(这里以基尼系数表示)会升高 0.233 个百分点。养老金改革政策的实施显著降低了收入差距,与政策前相比,收入差距降低了 0.247 个百分点。考虑到收入差距的恶化往往伴随着消费不平等的加剧(Gordon and Becker, 2007; Jappelli and Pistaferri, 2010; Cai, Chen, and Zhou, 2010),我们还发现养老金缴费率对消费不平等同样存在逆向分配效果,且影响程度大于对收入不平等的影响程度。通过进一步分析发现,产生这一逆分配效果的原因在于不同收入群体缴费率的不同。在参与养老保险的个体中,低收入群体的缴费率水平远高于高收入群体,具体而言,高收入群体的缴费率只有低收入群体的60%左右,中等收入群体的缴费率只有低收入群体的75%左右,而只有高收入群体的缴费率提高才会降低收入差距,中低收入群体的缴费率提高会扩大收入差距。

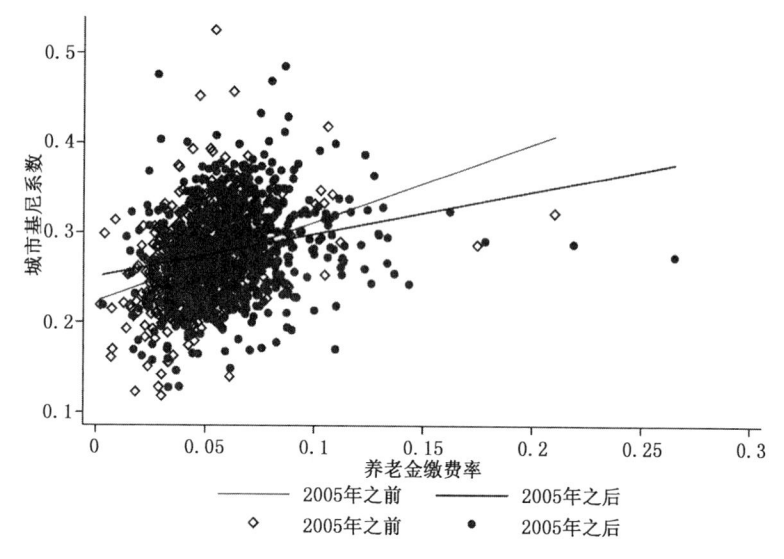

图 7.1　养老金缴费率与城市基尼系数关系图

数据来源:中国城镇住户调查数据(Urban Household Survey, UHS)。

此外,本章还从多方面验证了结论的稳健性:(1)采用其他表示收入差距的指标代替基准模型中的基尼系数进行估计,发现无论采用对数收入方差还是 P90/P10(P90/P50、P50/P10),基本结论均与基尼系数结果一致。(2)为证明养老金改革对收入差距的影响,本章对样本进行平行趋势检验,说明了政策的现实效应。我们发现养老金改革前后,缴费率对收入差距的影响确实发生了显著的变化。(3)安慰剂检验。通过改变政策发生的年份,我们对模型进行了重新进行估计,发现将改革年份换成其他年份后结果不再显著。

在关于养老保险收入分配效应的研究中,国外文献大多数认为养老保险等社会保障体系对收入再分配有着积极的调节作用,降低了社会收入不平等程度。Jesuit and Mahler(2004)利用卢森堡收入研究数据库(LIS),研究了13个发达国家税收和社会保障对收入再分配的调节作用,他们认为社会保障对调节分配有着显著的大于税收的作用,其中瑞典、英国等欧洲国家,社会保障对收入不平等减小所起的作用高达80%。Krueger(2006)研究了累进所得税制度和社会保障制度在收入再分配中的作用。Conde-Ruiz and Profeta(2007)指出社会保障是福利制度国家为调整收入再分配制定的主要机制之一,其设计对降低社会收入不平等程度至关重要。Chen(2010)在社会保障生命周期理论中引入了住房市场,利用美国的数据研究发现养老保险改革引起的利率变动可以通过房地产传导到收入再分配,从而降低财产性不平等。Hocquet(2016)利用欧洲国家的数据讨论了社会保障制度和转移支付对收入再分配的作用,发现社会保障制度对收入差距的降低起着积极的作用,使得这些国家的收入差距平均降低了大约30%。

国内文献关于养老保障体系对收入再分配影响的研究存在较大争议,主要观点可以分为两类。一部分学者认为,养老保障体系对降低收入差距起着积极作用。例如,王晓军、康博威(2009)基于国家统计局公布的年度数据,采用统计模拟和精算方法,估算了养老保险制度对收入再分配的作用,认为我国现行的养老保险制度存在明显的收入再分配效应,虽然不同就业类型人群的养老保险有所差别,反映了制度安排的不公平性,但总体来讲,养老保险制度有利于缩小贫富差距。李锐、傅小燕和向书坚(2014)利用反事实模型与精算模型,评估养老金制度变革对收入再分配效应,指出制度变革能缓解国民收入差距过大。王延中等(2016)对社会保障的收入再分配效应进行了宏观理论分析和实证分析,认为社会保障制度在调整收入分配过程中发挥的作用越来越重要,在一定程度上缓解了收入差距的扩大。李培、刘苓玲(2016)基于一般均衡分析框架,研究发现我国基本养老保险扩面具有明显的收入再分配效应,会缩小收入差距。李实、朱梦冰和詹鹏(2017)利用2013年居民收入调查数据研究了社会保障制度对收入再分配的作用,他们发现在经过税费和社会保障制度调节后,我国收入差距下降了11%左右,并且这种调节作用在城市更为显著。也有一部分学者认为,我国养老保障体系的调节作用并不理想,甚至出现"逆向分配"效应。例如,王小鲁和樊纲(2005)认为我国现行的养老保障体系对中、高收入群体更为有利,因此反而扩大了收入差距。彭浩然和申曙光(2007)研究了我国2005年养老金改革前后,养老保障制度对收入再分配效应的影响,他们认为改革后的养老保障体系不仅对代内收入再分配效应明显减弱,并且可能会引起严重的代际不公平问题。何立新(2007)利用2002年的城市住户调查数据,定量分析了1997年和2005年养老保险改革对代际间和代际内收入再分配的影响,发现2005年养老保险改革对40岁以上的群体存在明显的逆向再分配效应。宋晓梧(2010)指出养老保障体系对收入分配存在逆向调节效应,由于低收入群体不仅收入水平低,而且社会保障与福利水平更低,因此反而使得收入差距更大。李实、赵人伟和高霞(2013)利用城镇住户调查数据研究了养老保险对离退休人员收入再分配的效应,发现离退休人员之间的养老金收入差距不断扩大是造成了城镇内部收入差距扩大的原因之一。此外,还有一些学者从宏观因素出发论述了收入不平等的影响因素。[①]

[①] 例如,研究物质资本对城乡收入差距影响(马红旗、黄桂田和王韧,2017),金融结构对收入不平等的影响(刘贯春和刘媛媛,2017),努力程度对收入分配不平等的影响(龚锋、李智和雷欣,2017),个人所得税对我国的收入再分配效应(徐建炜、马光荣和李实,2013),公共卫生支出增长的收入再分配效应(李永友,2017)。

第七章　养老保险缴费对收入不平等的影响效应

本章的创新点在于:(1)直接利用微观数据构造养老保险指标和收入差距指标对养老保险的再分配效果进行了探讨,不同于直接采用宏观数据的研究。本章的估计更为精确,并且可以将微观样本按其特征分为不同的子样本进行异质性分析。(2)针对2005年发生的养老金改革,验证了养老金影响收入差距的传导机制,为政府制定政策提供现实依据。(3)在控制了养老保险的其他维度影响的基础上,从调整收入再分配的角度研究了养老金缴费率对收入差距的影响,进一步分析了其传导机制,而以往文献大都关注养老金制度整体对收入差距的作用,而无法区分其不同侧面的不同影响,且对其传导机制的研究也较为少见。

第二节　模型与数据处理

一、数据处理

本章数据来源于国家统计局城调队 2002—2009 年的城镇住户调查数据(Urban Household Survey, UHS),该数据调查时采用分层抽样的方式获得样本,包含地级以上的市、县级市等,所有样本每年轮换 1/3,每三年全部轮换一次。该数据覆盖了来自东、中、西不同区域的 14 个省份,具有很强的代表性。其中,东部地区包括北京、辽宁、江苏、山东、广东 5 个省级行政区,中部地区包括山西、安徽、河南、湖北、湖南 5 个省级行政区,西部地区包括重庆、四川、云南、甘肃 4 个省级行政区。在 2002—2009 年间,UHS 数据分别涵盖了 168、169、171、172、171、166、173、173 个城市(地级以上的市)。

我们主要关心的被解释变量是城市的收入不平等指标,我们在构造时,主要采用文献中常见的基尼系数,同时在稳健性检验中采用诸如 P50/P10、P90/P50 等收入分位数之比以及对数收入方差进行代替,重新估计基准模型中的结果。此外,本章还考虑了城市的消费不平等程度,这里采用与计算收入不平等类似的估计方法。

养老金层面的解释变量包括:①养老金缴费率(contribute_rate),这是本章主要关心的解释变量,采用城市样本中参加养老保险的个体缴纳的养老金总额除以工资总额进行计算;②养老金覆盖率(pension),采用城市样本中参加养老保险总人数除以适龄工作人数计算;③养老金替代率(replacement),采用养老金总支出除以工资总额进行计算,也就是我们通常说的养老金工资比。除利用 UHS 数据构造核心解释变量外,我们还控制了一些城市层面的宏观数据,这些数据来源于各城市的统计年鉴。城市层面的其他控制变量包括:①男性比例(male),采用城市的男性人数除以总人数计算;②城市的大学生比例(college_share),采用在劳动力市场上拥有本科及以上学历的人数比例计算,可以从一定程度上显示城市的平均教育水平;③城市人均 GDP 的对数[log(gdppercapita)],用来表示城市的发展水平;④城市产业结构(sec_third),采用城市第二产业的产值第三产业产值之比计算;⑤外商投资占比(fdi),采用外商直接投资金额与 GDP 之比计算,用来表示城市的对外开放程度;⑥财政收入占比(ficial),采用城市的财政收入与 GDP 之比计算。为使量级基本一致,本章将 fdi 与 ficial 这两个变量做了原始数值乘以 1 000 的处理。

在利用微观数据构造指标时,样本的选取原则,参照国家的法定退休年龄,我们去掉 60 岁以上的男性样本和 55 岁以上的女性样本,同时去掉了年龄在 16 岁以下的样本。在计算城市收入和消费的基尼系数时,我们还剔除了一些出现异常值的样本,其中包括可支配收入小于 100 元和可支配收入最大的 10 个家庭,消费大于收入的 5 倍或者消费大于 20 万元而且大于收入 2 倍的家庭(金烨、李宏彬和吴斌珍,2011)。

表 7.1 变量描述性统计

变量	N	均值	中位数	标准差	最小值	最大值
ginihinc	1 358	0.274	0.272	0.049	0.118	0.526
ginihcon	1 358	0.285	0.284	0.048	0.107	0.513
varhinc	1 358	0.289	0.268	0.127	0.043	1.657
varhcon	1 358	0.287	0.271	0.122	0.036	1.794
P50/P10_hinc	1 358	2.062	1.972	0.601	1.200	10.72
P90/P50_hinc	1 358	1.852	1.822	0.270	1.199	3.700
P90/P10_hinc	1 358	3.856	3.631	1.489	1.710	29.35
P50/P10_hcon	1 358	1.961	1.888	0.600	1.213	12.62
P90/P50_hcon	1 358	1.887	1.859	0.252	1.260	3.389
P90/P10_hcon	1 358	3.729	3.546	1.391	1.579	28.28
contribute_rate	1 358	0.056	0.053	0.022	0.002	0.265
pension	1 358	0.483	0.497	0.192	0.007	0.955
replacement	1 358	0.740	0.725	0.175	0.284	2.665
male	1 358	0.520	0.521	0.021	0.439	0.578
college_share	1 358	0.336	0.332	0.094	0.050	0.761
log(gdppercapita)	1 230	9.596	9.535	0.717	7.759	11.54
sec_third	1 241	0.774	0.717	0.344	0.126	3.215
fdi	1 199	3.449	2.120	3.679	0	24.29
ficial	1 092	118.1	103.9	58.98	31.28	683.0

表 7.1 给出了变量的统计性描述。不难看出,平均意义上看,衡量收入不平等的基尼系数为 0.274,并不高,然而方差较大 (0.049),表明不同城市间收入差距波动很大,其他收入差距指标也表现出同样的特点。在城市内部收入差距方面,由 P90/P50_hinc(收入的 90 分位数与 50 分位数之比)和 P50/P10_hinc(收入的 50 分位数与 10 分位数之比)的值可以看出,城市内部中低收入

群体间的收入差距要高于中高收入群体间的收入差距,表明收入不平等在收入低的人群中更为严重。衡量消费不平等的基尼系数为0.285,略高于收入不平等,这也与Ding and He(2018)的研究一致。城市养老金的平均缴费率为0.056,比较低,然而不同城市之前的缴费率波动较大,缴费率最小的城市值为0.002,最大的高达0.265。养老金的平均覆盖率为0.483,接近一半,表明了在样本期间内,养老保险体系仍处于较低的发展阶段。

二、模型设定

我们使用面板双向固定效应模型来考察养老金缴费率对收入差距的影响,这样既可以控制个体效应,又可以控制时间效应,从而减少由不可观测因素带来的偏误。本章的基准模型如下:

$$inequality_{it} = \beta_0 + \beta_1 \times contribute\_rate_{it} + \beta_2 X_{it} + \alpha_i + year_t + u_{it} \tag{7.1}$$

其中,$inequality$ 表示本章关注的城市收入差距,在基准回归结果中,我们选用文献中常用的基尼系数衡量城市的收入差距水平;i 是个体维度,表示城市;t 是时间维度;$contribute\_rate$ 表示城市的养老保险缴费率;X_{it} 为其他控制变量,共分为两类,一类为养老金其他维度的解释变量(例如,养老金覆盖率和替代率),另一类为表示城市特征的变量(例如,城市的人均GDP、大学生比例、城市产业结构、外商投资占比以及城市的财政收入占比等)。此外,我们还控制了城市固定效应 α_i 和年份固定效应 $year_t$,u_{it} 是误差项。模型(7.1)中 β_1 是我们关注的系数,$\beta_1 > 0$ 表明养老金缴费率对城市收入差距有正向的影响,即降低缴费率对收入差距的下降有积极的作用,反之,降低养老金缴费率则增大了收入差距。

为了进一步考察养老缴费的收入再分配效应,我们还分析了

2005年养老金改革对收入差距的调节作用。改革开放以来,我国政府在1997年和2005年进行了两次大规模的城镇职工基本养老保险体系的改革。在1997年的改革中,主要确定了参保人数的缴费情况,规定个人缴费率将逐步提高到职工缴费工资的8%,企业缴费率确定为个人工资的20%,但个体养老金退休后的收入与所在省份平均工资挂钩,此时高收入者缴费高并不会对其退休后的退休金有影响,因此这很显然会打击高收入者缴费的积极性。在2005年的改革中,政策制定者对养老金的收益做了进一步细化,养老金待遇不再只是和所在省份平均工资相挂钩,而且变成与所在省份平均工资与个体自身平均工资的一个集合相挂钩,由于高收入者缴费高会产生较高的退休工资,因此高收入者的参保积极性以及缴费积极性得以被调动。在分析时,本章采用如下回归模型:

$$inequality_{it} = \gamma_0 + \gamma_1 \times contribute\_rate_{it} + \gamma_2 \times Year2005 \times contribute\_rate_{it} + \gamma_3 X_{it} + \alpha_i + year_t + v_{it} \quad (7.2)$$

其中,虚拟变量 $Year2005$ 表示是改革前后。2005年改革发生前,$Year2005=0$;2005年改革发生后,$Year2005=1$。模型(7.2)中其他解释变量与模型(7.1)中相同,v_{it} 是误差项。这里,γ_2 是我们感兴趣的参数,$\gamma_2>0$ 表明2005年养老金改革降低了收入差距,反之,养老金改革增大了收入差距。

第三节 实 证 分 析

一、养老金缴费对收入不平等的影响

表7.2第1—3列汇报了控制不同变量时,养老金缴费率对收入差距的影响,第4列基于模型(7.2)汇报了2005年养老金改革这一政策对收入差距的影响效应。

表7.2 养老金缴费率对收入差距的影响

变量	被解释变量:收入差距(基尼系数)			
	(1)	(2)	(3)	(4)
contribute_rate	0.489***	0.207***	0.233*	0.422***
	(0.137)	(0.074)	(0.123)	(0.095)
Year2005×contribute_rate				−0.247**
				(0.100)
pension	−0.048*	−0.058***	−0.036**	−0.034*
	(0.025)	(0.018)	(0.015)	(0.021)
replacement	−0.029**	−0.016	−0.027*	−0.042***
	(0.014)	(0.011)	(0.016)	(0.015)
male			0.036	0.044
			(0.093)	(0.092)
college_share			−0.118***	−0.114***
			(0.031)	(0.032)
ln(gdppercapita)			0.008	0.004
			(0.012)	(0.012)
sec_third			−0.002	−0.003
			(0.012)	(0.011)
fdi			0.001**	0.001*
			(0.001)	(0.001)
ficial			−0.000	−0.000
			(0.000)	(0.000)
城市固定效应	Y	Y	Y	Y
年份固定效应	N	Y	Y	Y
N	1 358	1 358	1 042	1 042
adj. R^2	0.063	0.126	0.137	0.142
Number of city	184	184	158	158

注:括号内为聚类到城市的标准误;符号 *、**、*** 分别指在10%、5%和1%的显著性水平上显著。

第七章　养老保险缴费对收入不平等的影响效应

从表 7.2 的结果可以看出,在控制养老金的其他维度(诸如养老金覆盖率和养老金替代率)之后,无论是否控制其他变量,养老金缴费率对收入差距的影响都是显著为正的,即养老金缴费率提高会增大城市之间的不平等程度。这就意味着,养老金缴费率越高的城市,其收入差距越大。具体而言,如果不控制其他解释变量,城市养老金缴费率每升高 1%,收入差距将升高 0.207%,且在 1% 水平上显著;倘若控制了其他与城市特征相关的因素,养老金缴费率每提高 1 个单位,收入差距提高 0.233%。第 4 列引入了 2005 年养老金改革这一政策,可以看出,该政策降低了收入差距,与政策前相比,该政策的实施使得收入差距降低了 0.247%,且在 1% 水平上显著。

在其他解释变量方面,我们发现扩大养老金覆盖率可以降低城市的收入差距,同时,提高养老金替代率也可以降低城市的收入差距。城市的大学生比例可以显著降低收入差距,这表明了提高教育水平的重要性(白雪梅,2004;李俊青和韩其恒,2011);外资投入占 GDP 的比例越多,则城市收入差距越大;城市的男性比例、人均 GDP、二产和三产比例、财政收入占 GDP 的比例对收入差距没有显著的影响。

二、养老金缴费对消费不平等的影响

在上一节中,我们检验了养老金缴费率对收入差距的影响,发现降低养老金缴费率对降低收入差距的重要作用。由于收入不平等往往伴随着消费不平等,那么降低缴费率对调节消费不平等是否同样有效呢?本节,我们采用家庭的消费数据构造体现城市层面消费不平等程度的基尼系数,继续讨论养老金缴费率对调整消费不平等重要性,表 7.3 报告了回归结果。

由表 7.3 可以看出,养老金缴费率越高,城市的消费不平等程度越高,并且在数值上影响程度大于对收入不平等的影响程度。

具体而言,在控制了其他与城市特征相关的因素,养老金缴费率每提高1个单位,消费差距提高0.286%。与上一节结论类似,养老金覆盖率和养老金替代率均显著降低了消费不平等。在2005年养老金改革之后,与政策前相比,该政策的实施使得消费不平等降低了0.262%。这意味着降低养老金缴费率对国民消费的调节作用至关重要,可以降低我国的消费不平等程度。其他表示城市特征的解释变量的符号方向与表7.2也基本一致。

表7.3 养老金缴费率对消费不平等的影响

变量	被解释变量:消费差距(基尼系数)			
	(1)	(2)	(3)	(4)
contribute_rate	0.501***	0.172**	0.286***	0.503***
	(0.099)	(0.071)	(0.096)	(0.163)
Year2005× contribute_rate				−0.262*
				(0.155)
pension	−0.030	−0.053***	−0.039**	−0.051**
	(0.020)	(0.016)	(0.017)	(0.021)
replacement	−0.034***	−0.019	−0.036**	−0.051**
	(0.011)	(0.012)	(0.015)	(0.020)
其他控制变量	Y	Y	Y	Y
城市固定效应	Y	Y	Y	Y
年份固定效应	N	Y	Y	Y
N	1 358	1 358	1 042	1 042
adj. R^2	0.059	0.132	0.134	0.141
Number of city	184	184	158	158

注:括号内为聚类到城市的标准误;符号*、**、***分别指在10%、5%和1%的显著性水平上显著。

三、采用其他不平等指标替代基尼系数

前面我们主要采用基尼系数衡量了收入不平等和消费不平

等,接下来我们将使用其他常用的衡量收入或消费差距的指标(对数收入方差、P90/P10、P90/P50 和 P50/P10)验证基准结果的稳健性,表7.4 和表7.5 分别给出了回归结果。

表7.4 采用其他收入不平等指标替代收入基尼系数

变量	(1) arhinc	(2) P90/P10_hinc	(3) P50/P10_hinc	(4) P90/P50_hinc
contribute_rate	1.308***	11.234***	4.290***	1.520***
	(0.305)	(3.282)	(1.640)	(0.563)
Year2005× contribute_rate	−0.911***	−9.582***	−3.881***	−1.125*
	(0.219)	(2.673)	(1.035)	(0.580)
其他控制变量	Y	Y	Y	Y
城市固定效应	Y	Y	Y	Y
年份固定效应	Y	Y	Y	Y
N	1 042	1 042	1 042	1 042
adj. R^2	0.115	0.072	0.048	0.086
Number of city	158	158	158	158

注:括号内为聚类到城市的标准误;符号 *、**、*** 分别指在10%、5%和1%的显著性水平上显著。

表7.4 报告了采用其他指标替代收入不平等的分析结果,第1—4列是将基尼系数分别替代对数收入方差,收入分布上 P90/P10、P50/P10、P90/P50 的回归结果。可以看出,基本结论与基尼系数的回归结果一致,养老金缴费率提高均会提高收入不平等程度,与政策前相比,2005年养老金改革显著降低了收入不平等。我们发现与表7.2 中基尼系数对收入差距的影响相比,P90/P50_hinc 前面的系数绝对值大一些,这是由于 P90/P50_hinc 的值的大小要高于基尼系数的大小(如描述性统计表7.2 所示,基尼系数的

平均值为0.274,小于P90/50_hinc的平均值1.852)。养老保险替代率降低了城市的收入差距,且在5%水平上显著,养老金覆盖率对城市收入差距的影响虽然不显著,但其符号与表7.2是一致的。

表7.5报告了采用其他指标替代消费不平等的分析结果,将消费基尼系数分别替代对数消费方差,消费分位数上P90/P10、P50/P10、P90/P50的回归结果,除了采用P90/P50_hcon这一指标的结果不显著之外,其他均与表7.4结论类似。

表7.5 采用其他消费不平等指标替代消费基尼系数

变 量	(1) varhcon	(2) P90/P10_hcon	(3) P50/P10_hcon	(4) P90/P50_hcon
contribute_rate	1.572***	12.954***	6.384***	0.540
	(0.315)	(3.737)	(1.784)	(0.943)
Year2005×	−0.973***	−7.161***	−3.829***	−0.068
contribute_rate	(0.269)	(2.301)	(1.007)	(0.640)
其他控制变量	Y	Y	Y	Y
城市固定效应	Y	Y	Y	Y
年份固定效应	Y	Y	Y	Y
N	1 042	1 042	1 042	1 042
adj. R^2	0.141	0.119	0.054	0.050
Number of city	158	158	158	158

注:括号内为聚类到城市的标准误;符号 *、**、*** 分别指在10%、5%和1%的显著性水平上显著。

四、机制检验

以上的分析发现,无论对收入不平等还是消费不平等来说,养老金缴费率的提高都会使其恶化。但这一结果却与采用一般

第七章 养老保险缴费对收入不平等的影响效应

均衡模型估计的结果不同(Krueger,2006),一般理论认为养老金缴费率类似于个人所得税,会随着边际税率的提高而增大其再分配效果,使得收入差距下降。我们认为产生这一结果的原因可能是由于养老金缴费率对于不同收入阶层的影响不同,如果养老金缴费率对低收入群体影响变大,则就有可能产生逆向分配效果,在本部分我们基于这个机制进行讨论。首先,我们描述了高、中、低三类不同收入群体的养老金覆盖率和缴费率情况(图7.2),可以看出,高、中、低收入群体无论从覆盖率还是缴费率上都存在较大差异,高收入群体的养老金覆盖率最高,中等收入群体次之,低收入群体最低,而养老金缴费率的趋势正好相反。覆盖率的提高使得更多的高收入者被纳入养老保险体系中,如果不同收入者的再分配效果不一样,更多高收入者的加入可能会使得收入差距有所降低。

在具体分析时,我们采用微观数据检验不同收入群体的缴费率对其收入影响的差异。我们通过控制养老金缴费率和三个收入分组(低收入者Low、中等收入者Middle、高收入者High)的交叉项来估计养老金缴费率对低收入者和高收入者的影响的差别,采用如下双向固定效应模型:

$$\log(income)_{it} = \delta_0 + \delta_1 contribute\_ind_{it} + \delta_2 contribute\_ind_{it} \times Middle \\ + \delta_3 contribute\_ind_{it} \times High + \delta_4 Middle \\ + \delta_5 Rich + \delta_6 X_{it} + \alpha_i + year_t + u_{it} \quad (7.3)$$

其中,被解释变量 $\log(income)_{it}$ 为个体年收入的自然对数形式,$contribute\_ind_{it}$ 为个体的养老金缴费率,Low 为收入是否位于最低的1/3的虚拟变量,$Middle$ 为中间的1/3,$High$ 为最高的1/3。其他解释变量 X_{it} 中包含了年龄、年龄的平方、性别,以及是否为城镇户口的虚拟变量,同时我们控制了个体的职业类型、工作单位性质、省份、年份等其他控制变量。系数 δ_2 和 δ_3 分别反映了养老金缴费率对低收入者、中等收入者和高收入者的差别,我们选取低收入者为参照组。我们预期养老金缴费率对低收入者的收入有更大的影响,对中等收入者次之,对高收入者最弱,即 $\delta_1<0, \delta_2>0, \delta_3>0$,并且 $\delta_2<\delta_3$。同时,为了检验本章结果的稳健性,我们还利用高、中、低三个子样本分别分析了养老金缴费率对收入差距的影响,表7.6汇报了回归结果。

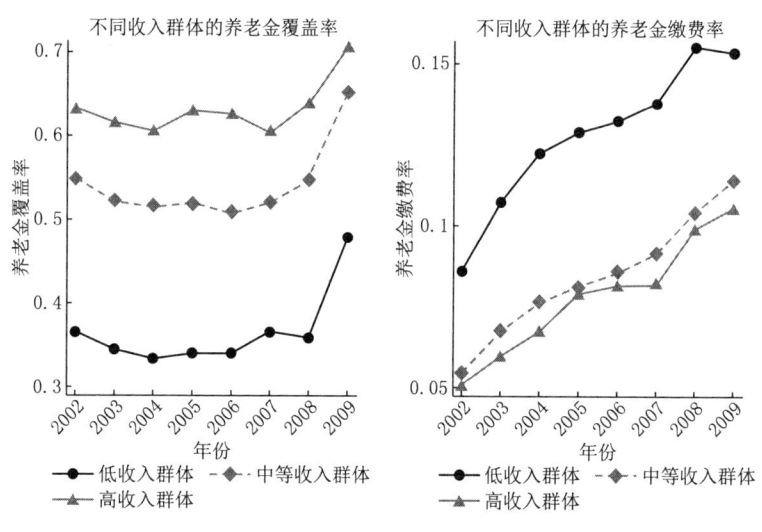

图7.2 不同收入群体的养老金覆盖率和缴费率

从表7.6的结果可以看出,不同收入群体的缴费率对收入的影响不同。从所有样本回归的结果来看,收入组的虚拟变量和养老金缴费率的交互项系数显著为正。具体而言,养老金缴费率上升1个百分点,低收入者的收入比中等收入者和高收入者分别多降低0.221%和0.427%。后面三列分别对三个收入组的样本进行分样本回归,我们发现,养老金缴费率对低收入者的收入有显著的负向影响,对中等收入者的负向影响稍弱,对高收入者的负向影响是最弱的。

表 7.6　不同收入群体的缴费率对收入水平的影响

变量	(1) 所有样本	(2) 低收入	(3) 中等收入	(4) 高收入
养老金缴费率	−1.092***	−1.236***	−0.838***	−0.614***
	(0.085)	(0.144)	(0.125)	(0.067)
中等收入×	0.221***			
养老金缴费率	(0.072)			
高收入×	0.427***			
养老金缴费率	(0.077)			
中等收入	0.363***			
	(0.008)			
高收入	0.715***			
	(0.011)			
其他控制变量	Y	Y	Y	Y
省份固定效应	Y	Y	Y	Y
年份固定效应	Y	Y	Y	Y
N	121 151	32 296	30 647	34 056
adj. R^2	0.358	0.164	0.272	0.219
Number of individual	52 172	14 283	13 795	15 233

注:括号内为聚类到城市的标准误;符号 *、**、*** 分别指在 10%、5%和1%的显著性水平上显著。

在采用微观数据指出养老金缴费率确实对不同收入阶层影响不同之后,接下来我们检验不同收入群体的缴费率是否对收入差距产生不一样的影响,表 7.7 汇报了回归结果。可以看出,不同收入群体的缴费率对收入差距有着显著的不同。低收入群体的缴费率对收入差距是显著的正向影响,而高收入群体的缴费率对收入差距的影响显著为负,中等收入群体的缴费率对收入差距几乎没有影响。这主要是由于,当养老保险的缴费率提高时,低收入群体由于本来收入就低,经过缴纳缴费率之后,其收入会更低,更会拉大与中高收入者之间的差距,也就是说低收入群体的养老金缴费率扩大了社会的收入差距。而高收入群体缴费之后,反而会降低与中低收入群体之间的差距,也就是说高收入群体的养老金缴费率对收入差距的降低起着积极的作用。因此,我们可以认为养老保障体系对收入再分配的逆向分配作用主要是由于低收入群体的高缴费率引起的。此外,我们还用了代表收入差距的另外几个指标(例如,对数收入方差,P90/P50_hinc,P50/P10_hinc,P90/P50_hinc)进行分析,得到类似的结果,这也从另一侧面体现了结果的稳健性。

表 7.7 不同收入群体的缴费率对收入差距的影响

变量	(1) ginihinc	(2) varhinc	(3) P90/P10_hinc	(4) P50/P10_hinc	(5) P90/P50_hinc
低收入人群缴费率	0.435***	1.163***	10.630***	3.670***	1.676***
	(0.089)	(0.178)	(2.010)	(0.945)	(0.644)
中等收入人群缴费率	0.239	0.536	6.060	0.402	1.862*
	(0.159)	(0.451)	(6.005)	(2.496)	(0.965)
高收入人群缴费率	−0.356**	−0.492	−8.201**	−0.868	−3.133***
	(0.157)	(0.393)	(3.700)	(1.535)	(0.904)
其他控制变量	Y	Y	Y	Y	Y
城市固定效应	Y	Y	Y	Y	Y
年份固定效应	Y	Y	Y	Y	Y
N	886	886	886	886	886
adj. R^2	0.210	0.164	0.104	0.072	0.137
Number of city	140	140	140	140	140

注:括号内为聚类到城市的标准误;符号 *、**、*** 分别指在 10%、5%和 1%的显著性水平上显著①。

---

① 在本部分进行分析时,由于在每个城市中都要分高、中、低收入群体计算不同收入组群的养老金缴费率的平均值,样本量过少会影响结果的稳健性,我们去掉了样本数量小于 50 的城市,因此本节样本量小于前面的基准模型。

第四节 稳健性检验

一、平行趋势假设的检验

在前文的分析中,我们只估计了 2005 年养老金缴费率对收入差距的影响,为检验养老金缴费率对收入不平等的影响趋势,我们再分年份讨论养老金缴费率对收入差距的影响,主要识别改革前后,这一影响是否发生变化。如果平行趋势假设成立,那么养老金改革前后,养老金缴费率对收入差距的影响应当存在显著差异。

我们在模型(7.2)的基础上设定如下回归模型:

$$inequality_{it} = w_0 + \sum_{t=1}^{T} w_t \times contribute\_rate_{it} \times year_t \\ + \mu X_{it} + \alpha_i + year_t + \varepsilon_{it} \quad (7.4)$$

其中,$year_t$ 是一个表示年份的虚拟变量,T 表示时间维度数(这里 $T=7$),交叉项前面的系数 w_t 表示不同年份养老金缴费率对收入差距的影响。我们以养老金改革之前第 1 期(即 2002 年)为基准组。图 7.3 分别给出了被解释变量为基尼系数、对数方差、P90/10、P50/P10 时,交叉项系数 w_t 的大小及其 90% 的置信区间。不难看出,该交互项系数在 2005 年之前(即养老金改革实施前)均显著为正,但是在养老金改革之后不再显著,这意味着养老金改革前后,缴费率对收入差距的影响发生了显著变化。

二、安慰剂检验

为进一步验证回归结论的稳健性,我们对模型(7.2)进行安慰剂检验。我们通过构建虚假的政策实施时间进行安慰剂检验。具体的操作是将养老金改革后一年、二年、三年(2006、2007、

162　收入差距、总需求不足与经济增长研究

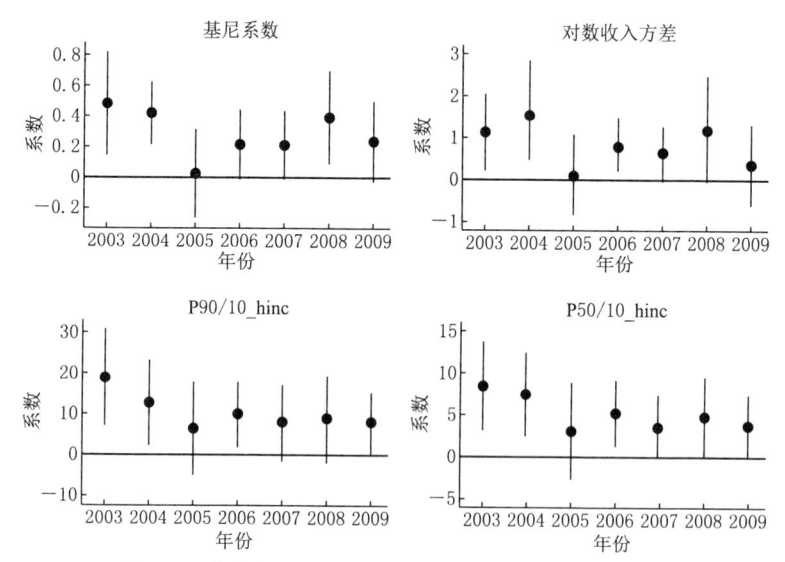

图 7.3　养老金改革对收入差距影响的平行趋势检验图

2008)分别作为虚假改革时间,构建虚假时间虚拟变量,根据模型(7.2)进行估计,估计结果如表 7.8 所示。从表 7.8 中第 1—3 列可以看出,这三个虚假的政策实施时间与养老金缴费率的交叉项系数均不显著。这一结果证明,养老金改革确实会降低城市的收入差距,基准结果稳健。

表 7.8　安慰剂检验(以 2006、2007、2008 年为断点)

变　量	(1) ginihinc	(2) ginihinc	(3) ginihinc
contribute_rate	0.276*	0.239*	0.195
	(0.160)	(0.140)	(0.146)
Year2006×contribute_rate	−0.054		
	(0.115)		
Year2007×contribute_rate		−0.021	
		(0.095)	

第七章　养老保险缴费对收入不平等的影响效应

(续表)

变　量	(1) ginihinc	(2) ginihinc	(3) ginihinc
Year2008×contribute_rate			0.024
			(0.141)
其他控制变量	Y	Y	Y
城市固定效应	Y	Y	Y
年份固定效应	Y	Y	Y
N	1 042	1 042	1 042
adj. R^2	0.139	0.138	0.139
Number of city	158	158	158

注：括号内为聚类到城市的标准误；符号 *、**、*** 分别指在10%、5%和1%的显著性水平上显著。

本 章 小 结

本章主要研究了养老金缴费率对不平等的影响，并深入研究了其影响机制。我们借助于2005年养老金改革这一政策实验，对我国养老保障制度的收入再分配效应进行了估计。具体而言，通过使用UHS数据构造2002—2009年的城市面板数据，我们发现，养老金缴费具有一定的累退性，对收入分配存在逆向调节作用，平均而言，养老金缴费率每提高1个百分点，基尼系数升高0.233个百分点。同时，虽然养老金改革的实施对调节我国收入差距起着积极作用，但总体上养老金缴费率仍存在着逆向分配效果。

当前，我国收入差距居高不下，养老金缴费负担也严重制约了企业经济发展，从本章的分析可以发现，降低养老金缴费率除了可以提高经济活力之外，还可以降低收入差距，刺激总需求，起到一石多鸟的效果。基于本章的研究，我们认为可以从以下两方面提高养老金的收入再分配效果。

第一,在养老金缴费方面,提高缴费的累进性,即充分考虑缴费力度与收入的异质性。由于养老金缴费率对不同收入群体的影响不同,因此政府在制定相关的缴费政策时,建议充分考虑到缴纳者的收入阶层,适当调整养老金缴费率,尤其是降低低收入群体的缴费率。同时,继续扩大养老保障的覆盖面,吸引更多的劳动者尤其是低收入者参保。

第二,逐渐形成较为统一的养老保障制度。现行的养老保障制度基于不同的人群进行了区分,所享受的福利也存在着很大差别,例如,城镇职工养老保险制度的福利水平要明显高于农民工养老保险和农村保险,这严重阻碍了社会公平发展。因此,形成全国自上而下统一的养老保障制度是下一步改革的目标,从而真正实现老有所养、公平养老。

第八章

养老保险覆盖率对收入不平等的影响效应

第一节 引 言

经过 30 多年的高速增长,我国经济取得了举世瞩目的伟大成就,但一个一直困扰中国经济社会稳定的问题就是收入差距一直居高不下。如何切实降低收入差距成为我国经济新时期的重要课题。作为调节初次分配重要手段的社会保障体系在此其中理应发挥重要的作用,[1]并且伴随着我国的人口老龄化,社会保障的调节再分配作用会越来越受到重视。

但是,令人困惑的是,宏观数据上并没有显示出这一效果。以社会保障体系中的养老保险为例,如图 8.1 所示,从 2002 年开始,养老保险的覆盖率稳步提高,[2]但与此同时,以基尼系数衡量[3]的收入差距并没有显著的下降,二者并没有表现出明显的负向关系。正如上一章所示,这可能是由于养老保险缴费[4]等养老

---

[1] 现阶段,我国主要通过税收、社会保障、转移支付来调节居民收入差距,而其中税收和转移支付只能单向调节,养老金则可通过缴费和支付双向进行调节。因此在缩小居民收入差距中应将养老金作为调整收入再分配的重要手段。

[2] 该指标由作者利用中国城镇住户调查数据(Urban Household Survey, UHS)中工作个体中缴纳养老保险金的比例来获得,可能与一般统计的覆盖率不太相同,但趋势上是保持一致的。

[3] 由于统计局只公布了全国范围的基尼系数,因此,此处的城镇基尼系数也是作者通过城镇住户调查数据计算得到。

[4] 如白重恩、吴斌珍和金烨(2012)分析了养老保险缴费对消费的挤出效应,康书隆、余海跃和王志强(2017)发现养老金缴费对于高收入群体和低收入群体的影响并不一致,赵静、毛捷和张磊(2015)分析了社会保险缴费率对职工和企业逃避社会保险缴费的影响。

保险的其他维度也在起到越来越重要的作用。根据养老保险缴费的规定,个人需缴费8%,企业需缴费20%,与此相对应,美国的缴费率只有10%左右,因此我国规定的缴费率非常高。而真实的缴费率①如图8.2所示,也一直上升,并且与收入差距的变动趋势一致。养老保险不同侧面与收入差距的不同趋势变动导致养老保险的再分配效果一直饱受争议,甚至很多学者认为是逆调节(宋晓梧,2012;香伶 2006),这与我们上一章的观点类似。那么,养老保险的其他维度对收入差距的影响是怎样的呢?养老保险覆盖率的提升是否降低了收入差距呢?本章通过微观调查数据构造了城市层面的面板,重点研究了养老保险覆盖率对收入不平等的影响。本章研究的结果不仅可以加深我们对于养老保险再分配效应的理解,更可以使我们提出切实可行的政策建议,而这在人口老龄化日益严重、养老金可持续性受到质疑的中国显得尤为重要。

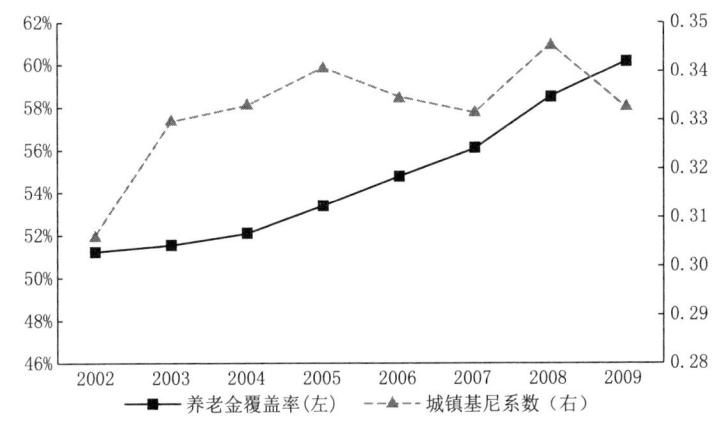

图 8.1 养老金覆盖率与城镇收入差距

---

① 本章中的缴费率定义为,参加养老保险的个体缴纳的养老保险金除以其可支配收入与缴纳的养老保险金之和,由城镇住户调查数据统计得到。

第八章　养老保险覆盖率对收入不平等的影响效应

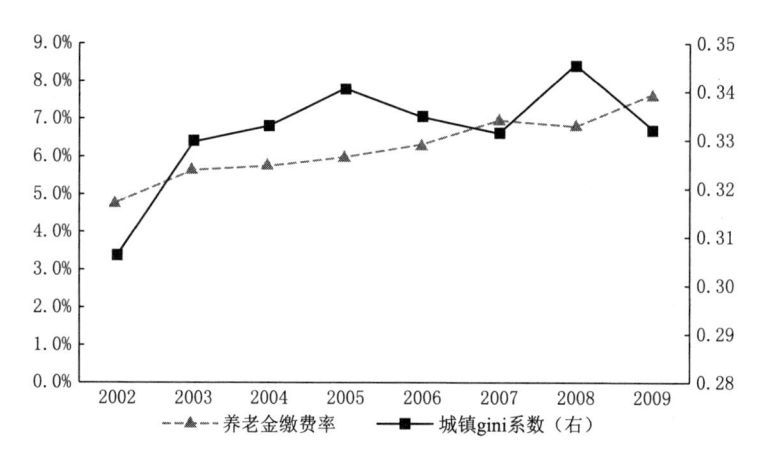

图 8.2　养老金缴费率与城镇收入差距

本章基于城镇入户调查数据(UHS),利用双向固定效应模型,研究了养老金覆盖率对收入不平等的影响,评价了其收入再分配的效果。研究发现,养老金覆盖面扩大能够明显地降低再分配后城市的收入不平等程度,但是在 2005 年养老金改革之后,该作用有所降低。具体而言,城市的养老金覆盖率每升高 1 个单位,收入差距下降 0.036%,且在 5% 的水平上显著。进一步,考虑到城市之间的异质性,我们还分不同城市发展水平考察了养老金对收入不平等的影响,发现相对于欠发达和中等发达城市,其对发达城市的调节效用更强,具体而言,对于欠发达地区,养老金覆盖率每上升 1 个单位,其收入差距下降 0.041%,高于平均城市水平(0.036%)。

第二节　理 论 模 型

假设社会中存在着两类人,一类人被养老金覆盖,在总人群中的比例为 p,另一类人不被养老金覆盖,在人群中的比例为 $1-p$。

这两类人均只共生活两期,第一期为成年期,提供劳动并储蓄,第二期为老年期,不提供劳动,只是消耗成年的储蓄,两类人的效用函数相同,不同的只是是否被养老保险覆盖导致的预算约束。

首先研究被养老金覆盖的人,假设其效用函数为:

$$\max u(c_t) + \beta u(c_{t+1}) \tag{8.1}$$

$$\text{s.t. } c_t + a = w_1(1-\tau)$$

$$c_{t+1} = \theta w_1 + (1+r)a \tag{8.2}$$

其中,c_t 为成年期消费,c_{t+1} 为老年期消费,a 为资产,w_1 为第一类人的工资,τ 为养老保险缴费率,θ 为养老金替代率,r 为利率。上述最大化问题的约束条件(8.2)等价如下:

$$c_t + \frac{c_{t+1}}{1+r} = \frac{\theta}{1+r} w_1 + w_1(1-\tau) \tag{8.3}$$

在此处,为了简化起见,并且由于我们只更关注养老金覆盖率的影响,假定养老保险体系自负盈亏,即 $\theta/(1+r) = \tau$,则拉格朗日方程为:

$$L = u(c_t) + \beta u(c_{t+1}) + \lambda \left[\theta \frac{w_1}{1+r} + w_1(1-\tau) - c_t - \frac{c_{t+1}}{1+r} \right]$$

其一阶条件为:

$$u'(c_t) = \lambda$$

$$\beta u'(c_{t+1}) = \frac{\lambda}{1+r}$$

假设 $u(c) = \log c$,则一阶条件得到:

$$c_t = \beta(1+r) \frac{1}{c_{t+1}} \Rightarrow c_{t+1} = \beta(1+r) c_t$$

第八章 养老保险覆盖率对收入不平等的影响效应

将上述等式代入到预算约束(8.3)中,可得 c_t 的表达式:

$$c_t + \beta(1+r)\frac{c_t}{1+r} = \frac{\theta}{1+r}w_1 + w_1(1-\tau)$$

$$c_t = \left[\frac{\theta}{1+r} + (1-\tau)\right]\frac{w_1}{1+\beta}$$

将其代入到成年期预算约束,可以得到储蓄表达式:

$$a = w_1(1-\tau) - c_t = w_1(1-\tau) - \frac{1}{1+\beta}\left[\frac{\theta}{1+r} + (1-\tau)\right]w_1$$

$$= \left[\beta(1-\tau) - \frac{\theta}{1+r}\right]\frac{w_1}{1+\beta}$$

则参加养老保险个体成年期与老年期的可支配收入分别为:

$$Y_{y1} = w_1(1-\tau)$$

$$Y_{o1} = r\beta\frac{w_1}{1+\beta} + \frac{\theta w_1}{1+r}$$

对于第二类人,即未参加养老保险的人,其跨期预算约束为:

$$c_t + \frac{c_{t+1}}{1+r} = w_2$$

w_2 为第二类人的工资,类似于第一类人的推导过程,可以得到成年期的消费以及储蓄表达式如下:

$$c_t = \frac{w_2}{1+\beta}, \quad a = w_2 - c_t = \frac{\beta}{1+\beta}w_2$$

则可以推导出未参加养老保险个体成年期与老年期的可支配收入分别为:

$$Y_{y2} = w_2$$

$$Y_{o2} = \frac{r\beta}{1+\beta}w_2$$

不失一般性,假设 $w_1=w_2$,则根据四组人群的可支配收入:

$$Y_{y1}=w_1(1-\tau)$$

$$Y_{o1}=r\left[\beta(1-\tau)-\frac{\theta}{1+r}\right]\frac{w_1}{1+\beta}$$

$$Y_{y2}=w_2$$

$$Y_{o2}=\frac{r\beta}{1+\beta}w_2$$

因此,可以得到以下结论:

第一,当 p 增大时,第一类人比例升高,即 Y_{y1},Y_{o1} 比例升高,收入差距下降。

第二,当 θ 下降时,虽然 Y_{y1} 上升,但 Y_{o1} 下降。与此同时,当 θ 下降时,个体意识到退休后收入降低,会更多地提供劳动,导致 w_1 增加,Y_{y1} 进一步上升,但同时 Y_{o1} 下降幅度缩小,更可能升高收入差距。

由此可知,提高养老保险覆盖率会降低再分配后收入差距。接下来我们就借助于微观数据,实证检验养老保险覆盖率对收入分配的效应。

第三节 实 证 分 析

本章数据来源于国家统计局城调队 2002—2009 年的城镇住户调查数据(Urban Household Survey, UHS),详细的数据说明、变量选取以及描述性统计参见本书第七章。

本章将使用面板双向固定效应模型,重点考察养老保险覆盖率对收入差距的影响。城市的收入差距与很多因素都息息相关,其中既包括可以观测到的表示城市特征的因素(如城市发展水平),也包括城市固有的不可观测的因素。倘若遗漏这些不可观

测的因素,则会导致模型的内生性问题,从而使得估计产生偏误。本章采用的基准模型如下:

$$inequality_{it} = \beta_0 + \beta_1 \times pension_{it} + \beta_2 X_{it} + \alpha_i + year_t + u_{it}$$
(8.4)

其中,$inequality_{it}$表示本章关注的城市收入差距,我们选用文献中常用的基尼系数衡量城市的收入差距水平;i是个体维度,表示城市;t是时间维度;$pension$表示城市的养老保险覆盖率;X_{it}为其他控制变量,一方面包括养老保险其他维度的解释变量(例如,养老保险缴费率和替代率),另一方面包括城市的人均GDP和其平方项、城市工人人数、城市二三产的比例、外商投资(FDI)以及城市的财政收入与财政支出的比例等。模型中还控制了个体固定效应α_i、年份固定效应$year_t$,u_{it}是误差项。模型(8.4)中系数β_1的值反映了城市养老金覆盖率水平对收入差距的影响,是我们感兴趣的参数,根据前面的理论分析,我们认为城市养老保险覆盖率对收入不平等有降低的作用,即$\beta_1 < 0$。

一、养老保险覆盖率对收入不平等的影响

我们首先介绍基准模型的估计结论。表8.1的第1列和第2列报告了混合回归模型(POLS)的估计结果,第3列和第4列报告了固定效应模型(FE)的估计结果。

从表8.1的结果不难看出,无论是混合回归模型还是固定效应模型,城市的养老保险覆盖率对其收入差距(这里仅指基尼系数)均具有显著的负向影响,考虑到固定效应模型可以有效地控制个体异质性,因此我们以固定效应模型的结果为主。具体而言,如果不控制其他解释变量,城市养老保险覆盖率每升高1%,收入差距将降低0.059%,且在1%水平上显著;倘若控制了其他与城市特征相关的因素,城市养老保险覆盖率每升高1%,则收入

差距将降低 0.036%,显著性水平有所降低,但仍在 5% 水平上显著。

表 8.1 城市养老保险覆盖率对收入差距的影响

变量	被解释变量:收入差距(基尼系数)			
	POLS	POLS	FE	FE
pension	−0.016**	−0.053***	−0.059***	−0.036**
	(0.008)	(0.010)	(0.018)	(0.015)
contribute_rate		0.432***		0.233*
		(0.077)		(0.123)
replacement		−0.041***		−0.027*
		(0.010)		(0.016)
male		0.141*		0.036
		(0.073)		(0.093)
college_share		−0.032*		−0.118***
		(0.018)		(0.031)
ln(gdppercapita)		0.014***		0.008
		(0.003)		(0.012)
sec_third		−0.007		−0.002
		(0.006)		(0.012)
fdi		0.001**		0.001**
		(0.001)		(0.001)
ficial		0.000		−0.000
		(0.000)		(0.000)
城市固定效应	Y	Y	Y	Y
年份固定效应	Y	Y	Y	Y
Observations	1 241	1 044	1 358	1 042
R-squared	0.259	0.335	0.121	0.137
Number of city			184	158

注:括号内为聚类到城市的标准误;符号 *、**、*** 分别指在 10%、5% 和 1% 的显著性水平上显著。

二、养老保险改革前后，养老保险覆盖率对收入不平等的影响

在上一节中，我们考察了城市的养老保险覆盖率对收入不平等的影响，发现提高养老保险覆盖率会显著降低城市收入差距，接下来我们考察改革前后养老保险覆盖率对收入不平等影响。2005年，养老保险发生重大变革，即在城镇职工基本养老保险体系改革中，养老金待遇不再只是和所在省份平均工资相挂钩，而且变成与所在省份平均工资与个体自身平均工资的一个集合相挂钩，这样，一方面家庭会因此减少养老金收入，另一方面由于工作期的收入风险通过个体平均工资的形式传导到了退休之后，产生养老金风险。那么，养老保险改革前后，其对收入差距的影响是否有所不同呢？本部分将分不同时间阶段讨论养老保险覆盖率对收入差距的影响。表8.2的第1—2列汇报了养老保险改革前(2002—2004)城市养老保险覆盖率对收入差距的影响，第3—4列汇报了养老保险改革后(2005—2009)城市养老保险覆盖率对收入差距的影响。这里均采用固定效应模型进行估计。

从表8.2的第1—2列可以看出，养老保险改革之前，养老保险覆盖率对城市的收入差距有显著的降低作用，在控制了城市的特征变量之后，养老保险覆盖率每升高1个单位，收入差距降低0.127%，且在1%水平上显著。养老保险改革后，养老保险覆盖率对收入差距的影响依然显著，但是其影响效应小于改革前，具体而言，在控制了城市的特征变量之后，养老金覆盖率每升高1个单位，收入差距降低0.024%，且在5%水平上显著。这可能是由于当养老保险发生变革后，养老保险替代率对降低收入差距也起到了一定的作用，正如表8.2第4列所示，在改革前后，养老保险替代率的符号发生了相反的变化。改革后，养老保险替代率对收入差距的影响为负，且其 t 值较大，为1.315(0.025/0.010=1.315)，接近10%的显著性水平。

表 8.2　养老金改革前后养老保险覆盖率对收入差距的影响

变量	被解释变量:收入差距(基尼系数)			
	养老金改革前 (2002—2004)		养老金改革后 (2005—2009)	
pension	−0.095***	−0.127***	−0.030**	−0.024**
	(0.018)	(0.025)	(0.015)	(0.012)
contribute_rate		0.039		0.079
		(0.121)		(0.164)
replacement		0.034*		−0.025
		(0.019)		(0.019)
male		−0.318*		−0.026
		(0.177)		(0.101)
college_share		−0.244***		−0.111***
		(0.071)		(0.035)
college_young		0.000***		0.000
		(0.000)		(0.000)
ln(gdppercapita)		−0.071		0.029***
		(0.052)		(0.009)
sec_third		−0.077**		0.007
		(0.036)		(0.016)
fdi		0.000		0.002**
		(0.001)		(0.001)
ficial		0.000		−0.000
		(0.000)		(0.000)
城市固定效应	Y	Y	Y	Y
年份固定效应	Y	Y	Y	Y
Observations	505	276	849	758
R-squared	0.133	0.172	0.069	0.093
Number of city	169	138	182	158

注:括号内为聚类到城市的标准误;符号 *、**、*** 分别指在 10%、5%和 1%的显著性水平上显著。

三、养老保险覆盖率对不同发展程度的城市收入差距的影响

通过之前的分析,我们发现,城市的养老保险覆盖率会显著降低收入不平等程度,那么这一结论在不同的发展阶段是否不同呢? 在本部分,我们通过将城市按发展状况分为不同的组群,分别来验证这一结论是否成立。由于人均 GDP 可以从一定程度上代表城市的发展程度,因此我们按照各个城市每年的人均 GDP 水平从低到高分为三个组,分别定义为欠发达城市组群、中等发达城市组群和发达城市组群,并对三个组的子样本分别讨论养老保险覆盖率对收入差距的影响。

由表 8.3 可以看出,养老保险覆盖率对欠发达城市、中等发达城市、发达城市的收入差距影响是截然不同的。其中,对于欠发达城市的有显著的负向影响,具体来看,养老保险覆盖率每提升 1 个单位,收入差距降低 0.041%,且在 1% 水平上显著。养老保险覆盖率对于中等发达和发达城市的影响虽然是负向的,但是并不显著,表明养老保险覆盖率对欠发达城市发挥的调节收入分配的效应更大。

表 8.3 养老保险覆盖率对不同发达城市收入差距的影响

变量	被解释变量:收入差距(基尼系数)					
	欠发达城市		中等发达城市		发达城市	
pension	−0.069***	−0.041***	−0.026	−0.024	−0.073***	−0.044
	(0.012)	(0.015)	(0.034)	(0.033)	(0.025)	(0.040)
contribute_rate		0.128		0.367		0.566*
		(0.155)		(0.230)		(0.342)
replacement		−0.015		−0.005		−0.059***
		(0.018)		(0.034)		(0.018)
male		−0.013		0.251*		−0.160
		(0.138)		(0.139)		(0.221)

（续表）

变量	被解释变量:收入差距(基尼系数)		
	欠发达城市	中等发达城市	发达城市
college_share	−0.084*	−0.127***	−0.148***
	(0.049)	(0.044)	(0.049)
college_young	0.001**	−0.000	0.000
	(0.000)	(0.000)	(0.000)
ln(gdppercapita)	−0.037*	0.029	0.057***
	(0.022)	(0.028)	(0.021)
sec_third	−0.007	−0.024	0.031
	(0.028)	(0.019)	(0.027)
fdi	0.005**	−0.003*	0.000
	(0.002)	(0.001)	(0.001)
ficial	−0.000	0.000***	−0.000
	(0.000)	(0.000)	(0.000)
城市固定效应	Y Y	Y Y	Y Y
年份固定效应	Y Y	Y Y	Y Y
Observations	397 329	397 349	419 350
R-squared	0.112 0.151	0.131 0.212	0.141 0.224
Number of city	65 61	70 69	61 58

注：括号内为聚类到城市的标准误；符号*、**、***分别指在10%、5%和1%的显著性水平上显著。

第四节 稳健性检验

一、采用其他表示收入差距指标替代基尼系数

在前面的分析中,我们均采用的基尼系数作为收入差距的指标,因此,在本部分,我们将使用对数收入差、P90/P10、P50/P10、

P90/P50 等其他常用的衡量收入差距的指标验证基准结果的稳健性。

表 8.4 稳健性检验 1(采用其他收入不平等指标替代基尼系数)

变量	(1) varhinc	(2) P90/P10_hinc	(3) P50/P10_hinc	(4) P90/P50_hinc
pension	−0.094***	−1.016***	−0.297***	−0.197**
	(0.032)	(0.307)	(0.092)	(0.089)
contribute_rate	0.550	3.501	1.121	0.626
	(0.402)	(4.045)	(1.850)	(0.503)
replacement	−0.100*	−1.167**	−0.469*	−0.134**
	(0.057)	(0.530)	(0.243)	(0.066)
male	−0.064	−0.134	0.224	−0.205
	(0.342)	(3.790)	(1.531)	(0.496)
college_share	−0.262***	−2.265***	−0.452**	−0.627***
	(0.073)	(0.643)	(0.199)	(0.181)
college_young	0.000*	0.001**	0.000*	0.000
	(0.000)	(0.000)	(0.000)	(0.000)
gdppercapita	0.021	0.220	0.124	0.016
	(0.022)	(0.241)	(0.084)	(0.069)
sec_third	−0.003	−0.367	−0.038	−0.115
	(0.035)	(0.402)	(0.159)	(0.078)
fdi	0.002	0.027	0.005	0.007**
	(0.001)	(0.017)	(0.006)	(0.003)
ficial	−0.000	−0.004**	−0.001	−0.001**
	(0.000)	(0.002)	(0.001)	(0.000)
城市固定效应	Y	Y	Y	Y
年份固定效应	Y	Y	Y	Y
Observations	1 042	1 042	1 042	1 042
R-squared	0.108	0.066	0.043	0.083
Number of city	158	158	158	158

注:括号内为聚类到城市的标准误;符号 *、**、*** 分别指在 10%、5%和 1%的显著性水平上显著。

表 8.4 报告了稳健性检验结果,第 1—4 列是将基尼系数分别替代为对数收入差、P90/P10、P50/P10、P90/P50 的回归结果。可以看出,基本结论与基尼系数的回归结果一致。以 P90/P50 的结果为例,城市的养老保险覆盖率每提高 1 个单位,可以使得收入不平等程度降低 0.197%,且在 5% 水平上显著。我们发现与表 8.1 中基尼系数对收入差距的影响相比,P90/P50 前面的系数绝对值大一些,这是由于 P90/P50 的值的大小要高于基尼系数的大小。养老保险缴费率与养老保险替代率对城市收入差距的影响与表 8.1 是一致的。其他表示城市特征的解释变量的符号方向与表 8.1 也基本一致。

二、其他稳健性检验

为进一步验证结果的稳健性,本章还做了其他稳健性检验,如在使用微观样本构造城市层面的数据时,在样本中去掉公务员,来看结果是否依旧稳健。表 8.5 报告了主要回归结果。

表 8.5　稳健性检验 2(样本中去掉公务员)

变　量	被解释变量:收入差距(基尼系数)			
	POLS	POLS	FE	FE
pension	−0.017**	−0.047***	−0.061***	−0.036**
	(0.008)	(0.010)	(0.018)	(0.016)
contribute_rate		0.448***		0.237**
		(0.076)		(0.116)
replacement		−0.040***		−0.022
		(0.009)		(0.013)
male		0.142*		0.034
		(0.073)		(0.092)
college_share		−0.045***		−0.126***
		(0.017)		(0.032)

(续表)

变量	被解释变量:收入差距(基尼系数)			
	POLS	POLS	FE	FE
college_young		0.000*		0.000*
		(0.000)		(0.000)
ln(gdppercapita)		0.015***		0.006
		(0.003)		(0.011)
sec_third		−0.006		−0.003
		(0.006)		(0.012)
fdi		0.001**		0.001**
		(0.001)		(0.001)
ficial		0.000		−0.000
		(0.000)		(0.000)
城市固定效应	Y	Y	Y	Y
年份固定效应	Y	Y	Y	Y
Observations	1 241	1 044	1 358	1 042
R-squared	0.259	0.327	0.124	0.130
Number of city			184	158

注:括号内为聚类到城市的标准误;符号*、**、***分别指在10%、5%和1%的显著性水平上显著。

从表8.5可以看出,改变样本选取原则后,无论是使用混合面板回归抑或是固定效应模型,结论均与基准模型相一致,即在控制了城市特征变量之后,养老覆盖率对城市不平等程度有明显的降低作用,且在5%水平上显著。并且,养老保险缴费率、养老保险替代率等其他解释变量也与之前的分析一致,所有这些结果都验证了结果的稳健性。

本 章 小 结

本章尝试对我国养老保障制度的收入再分配效应进行评价,主要考虑到养老保险覆盖率对收入不平等的边际效应。我们首先阐述了所使用的理论模型和计量模型,并在实证部分通过使用UHS数据构造2002—2009年的城市面板数据,运用固定效应模型发现养老保险覆盖率能显著降低城市收入不平等的程度,平均而言,养老保险覆盖率每提高1个百分点,基尼系数降低0.036个百分点。养老保险覆盖率在养老金改革前对收入分配的调节效用更大,并且该作用在欠发达城市愈加明显。

本章主要就养老金保障制度对于收入差距的影响来讨论其收入不平等的内在影响机制,其他社会保障制度对收入不平等也会产生一定的影响,如医疗和卫生服务、社会福利、社会救助等。以当前医疗服务的现状为例,其不足以应对越来越恶化的收入差距。另外,深入探讨收入差距对我国宏观经济的影响值得后续进一步研究。

参考文献

[1] 白重恩、吴斌珍、金烨，2012：《中国养老保险缴费对消费和储蓄的影响》，《中国社会科学》第8期。

[2] 白重恩、李宏彬、吴斌珍，2012：《医疗保险与消费：来自新型农村合作医疗的证据》，《经济研究》第2期。

[3] 白雪梅，2004：《教育与收入不平等：中国的经验研究》，《管理世界》第6期。

[4] 蔡伟贤、朱峰，2015：《"新农合"对农村居民耐用品消费的影响》，《数量经济技术经济研究》第5期。

[5] 钞小静、沈坤荣，2014：《城乡收入差距，劳动力质量与中国经济增长》，《经济研究》第6期。

[6] 陈斌开，2012：《收入分配与中国居民消费——理论和基于中国的实证研究》，《南开经济研究》第1期。

[7] 陈斌开、林毅夫，2013：《发展战略，城市化与中国城乡收入差距》，《中国社会科学》第4期。

[8] 陈纯槿、李实，2013：《城镇劳动力市场结构变迁与收入不平等：1989—2009》，《管理世界》第1期。

[9] 陈建宝、李坤明，2013：《收入分配、人口结构与消费结构：理论与实证研究》，《上海经济研究》第4期。

[10] 陈浪南、王升泉、陈文博，2016：《中国城乡居民收入差距决定因素的实证研究》，《经济学》第3期。

[11] 陈娟、林龙、叶阿忠,2008:《基于分位数回归的中国居民消费研究》,《数量经济技术经济研究》第 2 期。

[12] 陈诗一、汪莉,2016:《中国地方债务与区域经济增长》,《学术月刊》第 6 期。

[13] 陈彦斌、邱哲圣,2011:《高房价如何影响居民储蓄率和财产不平等》,《经济研究》第 10 期。

[14] 程名望、盖庆恩、史清华,2016:《中国农户收入不平等及其决定因素——基于微观农户数据的回归分解》,《经济学季刊》第 2 期。

[15] 程宇丹、龚六堂,2015:《财政分权下的政府债务与经济增长》,《世界经济》第 11 期。

[16] 丁继红、应美玲、杜在超,2013:《我国农村家庭消费行为研究——基于健康风险与医疗保障视角的分析》,《金融研究》第 10 期。

[17] 董直庆、蔡啸、王林辉,2016:《财产流动性与分布不均等:源于技术进步方向的解释》,《中国社会科学》第 10 期。

[18] 杜丹清,2017:《联网助推消费升级的动力机制研究》,《经济学家》第 3 期。

[19] 封进、余央央,2007:《中国农村的收入差距与健康》,《经济研究》第 1 期。

[20] 甘犁、赵乃宝、孙永智,2018:《收入不平等、流动性约束与中国家庭储蓄率》,《经济研究》第 12 期。

[21] 高波、王文莉、李祥,2013:《预期,收入差距与中国城市房价租金"剪刀差"之谜》,《经济研究》第 6 期。

[22] 高帆,2014:《劳动者报酬占比、城乡收入分配与中国居民消费率——基于省际面板数据的实证研究》,《学术月刊》第 11 期。

[23] 郭新华、张思怡、刘辉,2015:《基于 VECM 模型的信贷

约束,家庭债务与中国宏观经济波动分析》,《财经理论与实践》第5期。

[24] 耿德伟,2014:《中国城镇居民个人收入差距的演进——一个基于组群视角的分析》,《管理世界》第3期。

[25] 龚锋、李智、雷欣,2017:《努力对机会不平等的影响:测度与比较》,《经济研究》第3期。

[26] 巩师恩、范从来,2012:《收入不平等、信贷供给与消费波动》,《经济研究》第1期。

[27] 何立新,2007:《中国城镇养老保险制度改革的收入分配效应》,《经济研究》第3期。

[28] 何立新、封进、佐藤宏,2008:《养老保险改革对家庭储蓄率的影响:中国的经验证据》,《经济研究》第10期。

[29] 韩立岩、杜春越,2012:《收入差距、借贷水平与居民消费的地区及城乡差》,《经济研究》第1期。

[30] 杭斌、修磊,2016:《收入不平等、信贷约束与家庭消费》,《统计研究》第8期。

[31] 杭斌、余峰,2018:《潜在流动性约束与城镇家庭消费》,《统计研究》第7期。

[32] 韩立岩、杜春越,2011:《城镇家庭消费金融效应的地区差异研究》,《经济研究》第1期。

[33] 贺洋、臧旭恒,2016:《家庭资产结构与消费倾向:基于CFPS数据的研究》,《南方经济》第10期。

[34] 黄静、屠梅曾,2009:《房地产财富与消费:来自于家庭微观调查数据的证据》,《管理世界》第7期。

[35] 黄兴海,2004:《我国银行卡消费与经济增长的实证研究》,《金融研究》第11期。

[36] 靳涛、邵红伟,2016:《最优收入分配制度探析——收入分配对经济增长倒"U"形影响的启示》,《数量经济技术经济研究》

第 5 期。

[37] 蒋涛、董兵兵、张远,2019:《中国城镇家庭的资产配置与消费行为:理论与证据》,《金融研究》第 11 期。

[38] 金烨、李宏彬、吴斌珍,2011:《收入差距与社会地位寻求:一个高储蓄率的原因》,《经济学季刊》第 3 期。

[39] 康书隆、余海跃、王志强,2017:《基本养老保险与城镇家庭消费:基于借贷约束视角的分析》,《世界经济》第 12 期。

[40] 纪园园、宁磊,2018:《相对收入假说下的收入差距对消费影响的研究》,《数量经济技术经济研究》第 4 期。

[41] 解垩,2017:《公共转移支付对再分配及贫困的影响研究》,《经济研究》第 9 期。

[42] 雷欣、程可、陈继勇,2017:《收入不平等与经济增长关系的再检验》,《世界经济》第 3 期。

[43] 凌晨、张安全,2012:《中国城乡居民预防性储蓄研究:理论与实证》,《管理世界》第 11 期。

[44] 李宏彬、施新政、吴斌珍,2015:《中国居民退休前后的消费行为研究》,《经济学季刊》第 1 期。

[45] 李培、刘苓玲,2016:《我国基本养老保险扩面的收入分配效应研究》,《财经研究》第 4 期。

[46] 李锐、傅小燕、向书坚,2014:《养老金制度变革的福利损益与再分配研究》,《统计研究》第 8 期。

[47] 李晓楠、李锐,2013:《我国四大经济地区农户的消费结构及其影响因素分析》,《数量经济技术经济研究》第 9 期。

[48] 李江一、李涵,2016:《城乡收入差距与居民消费结构:基于相对收入理论的视角》,《数量经济技术经济研究》第 8 期。

[49] 李俊青、韩其恒,2011:《教育、金融市场和中国居民的收入不平等》,《世界经济》第 9 期。

[50] 李实、杨穗,2011:《养老金收入与收入不平等对老年人

健康的影响》,《中国人口科学》第 3 期。

[51] 李实、赵人伟、高霞,2013:《中国离退休人员收入分配中的横向与纵向失衡分析》,《金融研究》第 2 期。

[52] 李实、朱梦冰、詹鹏,2017:《中国社会保障制度的收入再分配效应》,《社会保障评论》第 4 期。

[53] 李涛、陈斌开,2014:《家庭固定资产、财富效应与居民消费:来自中国城镇家庭的经验证据》,《经济研究》第 3 期。

[54] 李扬、张晓晶、常欣、汤铎铎、李成,2012:《中国主权资产负债表及其风险评估(上)》,《经济研究》第 6 期。

[55] 李扬、张晓晶、常欣、汤铎铎、李成,2012:《中国主权资产负债表及其风险评估(下)》,《经济研究》第 7 期。

[56] 李永友,2017:《公共卫生支出增长的收入再分配效应》,《中国社会科学》第 5 期。

[57] 刘贯春,2017:《金融结构影响城乡收入差距的传导机制——基于经济增长和城市化双重视角的研究》,《财贸经济》第 6 期。

[58] 刘贯春、刘媛媛,2016:《金融结构影响收入不平等的边际效应演化分析》,《经济学动态》第 5 期。

[59] 刘一伟、汪润泉,2017:《收入差距,社会资本与居民贫困》,《数量经济技术经济研究》第 9 期。

[60] 娄峰、李雪松,2009:《中国城镇居民消费需求的动态实证分析》,《中国社会科学》第 3 期。

[61] 陆铭、陈钊、杨真真,2007:《平等与增长携手并进》,《经济学季刊》第 2 期。

[62] 陆婷、余永定,2015:《中国企业债对 GDP 比的动态路径》,《世界经济》第 5 期。

[63] 马光荣、周广肃,2014:《新型农村养老保险对家庭储蓄的影响:基于 CFPS 数据的研究》,《经济研究》第 11 期。

[64] 马红旗、黄桂田、王韧,2017:《物质资本的积累对我国城乡收入差距的影响——基于资本—技能互补视角》,《管理世界》第 4 期。

[65] 马双、臧文斌、甘犁,2011:《新型农村合作医疗保险对农村居民食物消费的影响分析》,《经济学季刊》第 10 期。

[66] 马勇、田拓、阮卓阳、朱军军,2016:《金融杠杆、经济增长与金融稳定》,《金融研究》第 6 期。

[67] 毛捷、黄春元,2018:《地方债务,区域差异与经济增长——基于中国地级市数据的验证》,《金融研究》第 5 期。

[68] 宁光杰、雒蕾、齐伟,2016:《我国转型期居民财产性收入不平等成因分析》,《经济研究》第 4 期。

[69] 潘敏、刘知琪,2018:《居民家庭"加杠杆"能促进消费吗?——来自中国家庭微观调查的经验证据》,《金融研究》第 4 期。

[70] 彭浩然、申曙光,2007:《现收现付制养老保险与经济增长:理论模型与中国经验》,《世界经济》,第 10 期。

[71] 申广军、张川川,2016:《收入差距,社会分化与社会信任》,《经济社会体制比较》第 1 期。

[72] 石明明,江舟和周小焱,2019:《消费升级还是消费降级》,《中国工业经济》第 7 期。

[73] 宋晓梧,2011:《调整收入分配结构,转变经济发展方式》,《财经界(学术版)》第 1 期。

[74] 孙早、许薛璐,2018:《产业创新与消费升级:基于供给侧结构性改革视角的经验研究》,《中国工业经济》第 7 期。

[75] 唐绍祥、汪浩瀚、徐建军,2010:《流动性约束下我国居民消费行为的二元结构与地区差异》,《数量经济技术经济研究》第 3 期。

[76] 田新民、夏诗园,2016:《中国家庭债务、消费与经济增长

的实证研究》,《宏观经济研究》第 1 期。

[77] 魏勇,2017:《社会保障、收入门槛与城镇居民消费升级》,《社会保障评论》第 4 期。

[78] 汪伟、郭新强,2011:《收入不平等与中国高储蓄率:基于目标性消费视角的理论与实证研究》,《管理世界》第 9 期。

[79] 汪伟、刘志刚、龚飞飞,2017:《高房价对消费结构升级的影响:基于 35 个大中城市的实证研究》,《学术研究》第 8 期。

[80] 王宋涛,2014:《中国居民消费率缘何下降?——基于宏观消费函数的多因素分解》,《财经研究》第 6 期。

[81] 王湘红、陈坚,2016:《社会比较和相对收入对农民工家庭消费的影响——基于 RUMiC 数据的分析》,《金融研究》第 12 期。

[82] 王晓军、康博威,2009:《我国社会养老保险制度的收入再分配效应分析》,《统计研究》第 11 期。

[83] 王小鲁、樊纲,2005:《中国收入差距的走势和影响因素分析》,《经济研究》第 10 期。

[84] 王永水、谢婼青,2018:《面板因子误差结构模型下人力资本增长效应的再检验》,《统计研究》第 6 期。

[85] 王延中、龙玉其、江翠萍、徐强,2016:《中国社会保障收入再分配效应研究——以社会保险为例》,《经济研究》第 2 期。

[86] 万广华、张茵、牛建高,2001:《流动性约束、不确定性与中国居民消费》,《经济研究》第 11 期。

[87] 吴鑑洪、赵卫亚、谢祺,2014:《面板向量分位数回归及其在居民消费行为研究中的应用》,《统计研究》第 6 期。

[88] 吴晓刚、张卓妮,2014:《户口、职业隔离与中国城镇的收入不平等》,《中国社会科学》第 6 期。

[89] 谢洁玉、吴斌珍、李宏彬、郑思齐,2012:《中国城市房价与居民消费》,《金融研究》第 6 期。

[90] 熊伟,2014:《短期消费性贷款与居民消费:基于信用卡

余额代偿的研究》,《经济研究》第1期。

[91] 徐舒、陈珣,2016:《收入差距会推高住房价格吗?》,《经济学季刊》第1期。

[92] 徐静、蔡萌、岳希明,2018:《政府补贴的收入再分配效应》,《中国社会科学》第10期。

[93] 颜色、朱国钟,2013:《"房奴效应"还是"财富效应"? 房价上涨对国民消费影响的一个理论分析》,《管理世界》第3期。

[94] 杨攻研、刘洪钟,2015:《债务增长与危机:基于债务异质性的考证》,《经济评论》第6期。

[95] 杨娟、赖德胜、邱牧远,2015:《如何通过教育缓解收入不平等?》,《经济研究》第9期。

[96] 杨继生、徐娟、吴相俊,2013:《经济增长与环境和社会健康成本》,《经济研究》第12期。

[97] 杨汝岱、陈斌开,2009:《高等教育改革、预防性储蓄与居民消费行为》,《经济研究》第8期。

[98] 杨汝岱、朱诗娥,2007:《公平与效率不可兼得吗?——基于居民边际消费倾向的研究》,《经济研究》第12期。

[99] 杨旭、郝翌、于戴圣,2014:《收入差异对总体消费的影响——一个数值模拟研究》,《数量经济技术经济研究》第3期。

[100] 杨天宇、陈明玉,2018:《消费升级对产业迈向中高端的带动作用:理论逻辑和经验证据》,《经济学家》第11期。

[101] 苑小丰、范辉,2010:《城乡收入差距对消费需求影响研究》,《财经问题研究》第6期。

[102] 袁歌骋、童晶,2019:《家庭部门债务、经济增长与金融稳定》,《现代经济探讨》第5期。

[103] 臧旭恒、李燕桥,2012:《消费信贷、流动性约束与中国城镇居民消费行为——基于2004—2009年省际面板数据的经验分析》,《经济学动态》第2期。

[104] 臧旭恒、张欣,2018:《中国家庭资产配置与异质性消费者行为分析》,《经济研究》第3期。

[105] 张川川、John, Giles、赵耀辉,2015:《新型农村社会养老保险政策效果评估——收入、贫困、消费、主观福利和劳动供给》,《经济学季刊》第1期。

[106] 张来明、李建伟,2016:《收入分配与经济增长的理论关系和实证分析》,《管理世界》第11期。

[107] 赵静、毛捷、张磊(2015):《社会保险缴费率、参保概率与缴费水平——对职工和企业逃避费行为的经验研究》,《经济学季刊》第4期。

[108] 赵西亮、梁文泉、李实,2014:《房价上涨能够解释中国城镇居民高储蓄率吗?——基于CHIPS微观数据的实证分析》,《经济学季刊》第1期。

[109] 周广肃、樊纲、申广军,2014:《收入差距,社会资本与健康水平——基于中国家庭追踪调查(CFPS)的实证分析》,《管理世界》第7期。

[110] 朱平芳、邱俊鹏,2017:《无条件分位数处理效应方法及其应用》,《数量经济技术经济研究》第2期。

[111] 张磊、刘长庚,2017:《供给侧改革背景下服务业新业态与消费升级》,《经济学家》第11期。

[112] 邹红、李奥蕾、喻开志,2013:《消费不平等的度量,出生组分解和形成机制,兼与收入不平等比较》,《经济学季刊》第4期。

[113] 邹红、喻开志、李奥蕾,2013:《养老保险和医疗保险对城镇家庭消费的影响研究》,《统计研究》第11期。

[114] 钟宁桦、刘志阔、何嘉鑫、苏楚林,2016:《我国企业债务的结构性问题》,《经济研究》第7期。

[115] Acemoglu, Daron. "Directed technical change." The Review of Economic Studies 69.4(2002):781-809.

[116] Acconcia A, Corsetti G, Simonelli S. Liquidity and Consumption. Evidence from three Post-earthquakes Reconstruction Programs in Italy[R]. Centre for Studies in Economics and Finance, University of Naples, Italy, 2018.

[117] Aghion, Philippe, Eve Caroli, and Cecilia Garcia-Penalosa. "Inequality and economic growth: the perspective of the new growth theories." Journal of Economic literature 37.4 (1999):1615-1660.

[118] Alvarez-Cuadrado, Francisco, and N. V. Long. "The relative income hypothesis." Journal of Economic Dynamics & Control 35.9(2011):1489-1501.

[119] Alvarez-Cuadrado, Francisco, Mayssun El-Attar, 2012, Income inequality and saving[R], IZA Discussion Papers.

[120] Atkinson, A. B, Rainwater, L, Smeeding, T, 1995, Income Distribution in European Countries [R], Working Papers, Faculty of Economics, University of Cambridge.

[121] Attanasio, Orazio, Hamish Low, and Virginia Sánchez-Marcos, Female labor supply as insurance against idiosyncratic risk. Journal of the European Economic Association. 2005, 3(2-3): 755-764.

[122] Aziz M J, Cui L. Explaining China's low consumption: the neglected role of household income[M]. International Monetary Fund, 2007:7-181.

[123] Bagchi, Sutirtha, and Jan Svejnar. "Does wealth inequality matter for growth? The effect of billionaire wealth, income distribution, and poverty." Journal of Comparative Economics 43.3(2015):505-530.

[124] Baker S R. Debt and the response to household

income shocks: Validation and application of linked financial account data[J]. Journal of Political Economy, 2018, 126(4): 1504-1557.

[125] Bai J. Panel Data Models With Interactive Fixed Effects[J]. Econometrica,2009, 77(4):1229-1279.

[126] Banerjee, Abhijit V., and Esther Duflo. "Inequality and growth: What can the datasay?" Journal of economic growth 8.3(2003):267-299.

[127] Bertrand, Marianne, Adair Morse, 2016, Trickle-down consumption[J], Review of Economics and Statistics, 98(5):863-879.

[128] Biswas, Siddhartha, Indraneel Chakraborty, and Rong Hai. "Income inequality, tax policy, and economic growth." The Economic Journal 127.601(2017):688-727.

[129] Bofinger, Peter, and Philipp Scheuermeyer. "Income distribution and aggregate saving: A non-monotonic relationship." Review of Income and Wealth(2016).

[130] Browning M, Crossley T F, Winter J, 2014, The Measurement of Household Consumption Expenditures[J], Annual Review of Economics, 6(1):475-501.

[131] Cai D, Song Q, Ma S, et al. The relationship between credit constraints and household entrepreneurship in China[J]. International Review of Economics and Finance, 2018, 58(11):246-258.

[132] Cai H, Chen Y, Zhou L A, Income and consumption inequality in urban China:1992-2003. Economic Development and Cultural Change, 2010, 58(3):385-413.

[133] Carroll, Jody Overland, David N. Weil,1997, Com-

parison Utility in a Growth Model[J], Journal of Economic growth, 2(4):339-367.

[134] Chamon, Marcos D., and Eswar S. Prasad. "Why are saving rates of urban households in Chinarising?" American Economic Journal: Macroeconomics(2010):93-130.

[135] Chen, Kaiji, A life-cycle analysis of social security with housing. Review of Economic Dynamics, 2010, 13(3): 597-615.

[136] Cloyne J, Ferreira C, Surico P. Monetary policy when households have debt: new evidence on the transmission mechanism[J]. Review of Economic Studies, 2020, 87(1):102-129.

[137] Cingano, Federico. "Trends in income inequality and its impact on economic growth." (2014).

[138] Cui Z, Feng Y. Wealthy Hand to Mouth Households in China[J]. Asian Economic Journal, 2017, 31(3):275-297.

[139] Conde-Ruiz J. Ignacio, and Profeta. Paola(2007), The redistributive design of social security systems. Economic Journal. 117(520):686-712.

[140] Coibion O, Gorodnichenko Y, Kudlyak M, et al. Does greater inequality lead to more household borrowing? New evidence from household data[R]. National Bureau of Economic Research, 2014.

[141] Cooper R, Zhu G. Household finance in China[R]. National Bureau of Economic Research, 2017.

[142] Chmelar A. Household Debt and the European Crisis[C]. European Credit Research Institute, 2013.

[143] Cynamon B Z, Fazzari S M. Household Debt in the Consumer Age: Source of Growth—risk of Collapse[J]. Capital-

ism and Society, 2008, 3(2).

[144] Ding, Haiyan, and He Hui, A Tale of Transition: An Empirical Analysis of Economic Inequality in Urban China, 1986-2009. Review of Economic Dynamics, 2018, 29:106-137.

[145] Di Maggio M, Kermani A, Keys B J, et al. Interest rate pass-through: Mortgage rates, household consumption, and voluntary deleveraging[J]. American Economic Review, 2017, 107(11):3550-3588.

[146] Drechsel-Grau, Moritz, Kai D, 2014, Schmid. Consumption-savings decisions under upward-looking comparisons [J], Journal of Economic Behavior & Organization., 106: 254-268.

[147] Duesenberry J S, 1949, Income, saving, and the theory of consumer behavior[M], Harvard University Press, Cambridge, MA.

[148] Dynan, Karen E., Jonathan Skinner, Stephen P. Zeldes, 2004. Do the rich savemore? [J], Journal of political economy, 112(2):397-444.

[149] Eggertsson G B, Mehrotra N R, Robbins J A. A model of secular stagnation: Theory and quantitative evaluation [J]. American Economic Journal: Macroeconomics, 2019, 11(1):1-48.

[150] Ferrarini T, Nelson K, Taxation of social insurance and redistribution: A comparative analysis of ten welfare states. Journal of European Social Policy, 2003, 13(1):21-33.

[151] Frank, Robert H., Adam Seth Levine, and Oege Dijk. Expenditure Cascades.[J] Review of Behavioral Economics 2014, 1(1-2):55-73.

[152] Frolich M, Melly B., 2010, Estimation of Quantile Treatment Effects with Stata[J]. The Stata Journal, 10(3): 423-457.

[153] Galor, Oded, and Omer Moav. "From physical to human capital accumulation: Inequality and the process of development." The Review of Economic Studies 71.4(2004):1001-1026.

[154] Halter, Daniel, Manuel Oechslin, and Josef Zweimüller. "Inequality and growth: the neglected time dimension." Journal of economic Growth 19.1(2014):81-104.

[155] Hocquet Jean-Yves(2016), Relations between Employment and Social Security Policies in Europe: Social Protection and Employment "Partnership or Rivalry". Report of EU-China Social Protection Reform Project.

[156] Jappelli T, Pistaferri L. Fiscal policy and MPC heterogeneity[J]. American Economic Journal: Macroeconomics, 2014, 6(4):107-136.

[157] Jesuit, David, and Vincent Mahler(2004), State redistribution in comparative perspective: A cross-national analysis of the developed countries. LIS Working paper series.

[158] Jin, Ye, Hongbin Li, and Binzhen Wu. "Income inequality, consumption, and social-status seeking." Journal of Comparative Economics 39.2(2011):191-204.

[159] Jordà Ò, Schularick M, Taylor A M. The Great Mortgaging: Housing Finance, Crises and Business Cycles [J]. Economic Policy, 2016, 31(85):107-152.

[160] Kanbur, Ravi, Yue Wang, and Xiaobo Zhang. The great Chinese inequality turnaround. Vol.1637. Intl Food Policy Res Inst, 2017.

[161] Kaplan G, Violante G L. A model of the consumption response to fiscal stimulus payments[J]. Econometrica, 2014a, 82(4):1199-1239.

[162] Kaplan G, Violante G L, Weidner J, et al. The Wealthy Hand-to-Mouth[J]. Brookings Papers on Economic Activity, Spring, 2014b:77-153.

[163] Kaplan, Greg (2012), Inequality and the life cycle. Quantitative Economics. 3(3):471-525.

[164] Karadja, Mounir, Johanna Mollerstrom, David Seim, 2017, Richer (and holier) than thou? The effect of relative income improvements on demand for redistribution[J], Review of Economics and Statistics, May, 99(2):201-212.

[165] Kim Y, Isaac A G. The Macrodynamics of Household Debt[R]. Trinity College, Department of Economics, Working Paper, 2010.

[166] Koenker R, Bassett G., 1978, Regression quantiles [M], Econometrica, (46):33-50.

[167] Koo J, Song Y. The relationship between income inequality and aggregate saving: an empirical analysis using cross-country panel data [J]. Applied Economics, 2016, 48 (10): 892-901.

[168] Krueger, Dirk(2006), Public insurance against idiosyncratic and aggregate risk: The case of social security and progressive income taxation, CESifo Economic Studies, 52 (4): 587-620.

[169] Kuijs L. Investment and saving in China[M]. The World Bank, 2005.

[170] Li R, Zhu X. Econometric analysis of credit constraints of

Chinese rural households and welfare loss[J]. Applied Economics 2010(13):1615-1625.

[171] Li R, Li Q, Huang S, et al. The credit rationing of Chinese rural households and its welfare loss: An investigation based on panel data[J]. China Economic Review, 2013(26): 17-27.

[172] Low, Hamish W. Self-insurance in a life-cycle model of labour supply and savings, Review of Economic Dynamics. 2008, 8(4):945-975.

[173] Mahler V, Jesuit D. State redistribution in comparative perspective. A cross-national analysis of the developed countries. 2004, LIS Working paper series.

[174] Mian A, Sufi A, Verner E. Household Debt and Business Cycles Worldwide [J]. The Quarterly Journal of Economics, 2017, 132(4):1755-1817.

[175] Musgrove P. Income distribution in countries during the period of economic reform and globalization[J]. The Journal of Political Economy, 2005, 102(3):34-105.

[176] Molero-Simarro, Ricardo. "Inequality in China revisited. The effect of functional distribution of income on urban top incomes, the urban-rural gap and the Gini index, 1978-2015." China Economic Review 42(2017):101-117.

[177] Park K Y. The wealthy hand-to-mouth households in South Korea [J]. Global Economic Review, 2017, 46(3): 299-324.

[178] Parker J A, Souleles N S, Johnson D S, McClelland R. Consumer Spending and the Economic Stimulus Payments of 2008[J]. American Economic Review, 2013, 103(6):2530-2553.

[179] Piketty, Thomas, 2017, Capital in the twenty-first century[M], Harvard University Press.

[180] Pijoan-Mas, Josep. Precautionary savings or working longer hours? Review of Economic dynamics. 2006, 9 (2): 326-352.

[181] Santaeulalia-Llopis, Raül, and Yu Zheng. "The Price of Growth: Consumption Insurance in China 1989-2009" (2016).

[182] Schularick M, Taylor A M. Credit Booms Gone Bust: Monetary Policy, Leverage Cycles, and Financial Crises, 1870-2008[J]. American Economic Review, 2012, 102(2):1029-1061.

[183] Summers L H. Demand side secular stagnation [J]. American Economic Review, 2015, 105(5):60-65.

[184] Sun, Wenkai, and Xianghong Wang. "Do Relative Income and Income Inequality Affect Consumption ? Evidence from the Villages of Rural China." The Journal of Development Studies 49.4(2013):533-546.

[185] Zeldes S P. Consumption and liquidity constraints: an empirical investigation[J]. Journal of political economy, 1989, 97(2):305-346.

[186] Zhang, Xun, et al. "Technical change and income inequality in China." The World Economy 40.11(2017):2378-2400.

图书在版编目(CIP)数据

收入差距、总需求不足与经济增长研究 / 纪园园著
.— 上海：上海社会科学院出版社，2021
ISBN 978 - 7 - 5520 - 3666 - 4

Ⅰ. ①收… Ⅱ. ①纪… Ⅲ. ①收入差距—研究—中国 Ⅳ. ①F124.7

中国版本图书馆 CIP 数据核字(2021)第 193954 号

收入差距、总需求不足与经济增长研究

著　　者：纪园园
出 品 人：佘　凌
责任编辑：陈如江
封面设计：黄婧昉
出版发行：上海社会科学院出版社
　　　　　上海顺昌路 622 号　邮编 200025
　　　　　电话总机 021 - 63315947　销售热线 021 - 53063735
　　　　　http://www.sassp.cn　E-mail: sassp@sassp.cn
照　　排：南京理工出版信息技术有限公司
印　　刷：上海新文印刷厂有限公司
开　　本：890 毫米×1240 毫米　1/32
印　　张：6.5
插　　页：1
字　　数：158 千
版　　次：2021 年 9 月第 1 版　2021 年 9 月第 1 次印刷

ISBN 978 - 7 - 5520 - 3666 - 4/F・682　　　　　　　　定价：48.00 元

版权所有　翻印必究